Pharaonengeflüster

Pharaonen-geflüster

Stimmen und Zeugnisse aus dem Land am Nil

Impressum
© Christian Dingenotto, Hannover 2002
Alle Rechte liegen beim Autor.

Kontakt:
www.pharaonengefluester.de
pharaonengefluester@web.de

Umschlaggestaltung
Bildcollage „Pharao digital" - Christian Dingenotto
auf Basis eines ramessidischen Ostrakons

Herstellung:
Books on Demand GmbH, Norderstedt
Hannover 2002
ISBN 3-8311-4532-6

Inhalt

Worum es geht

Das Alte Ägypten zählt bei uns zu den frühen Hochkulturen. Um Hochkulturen handelt es sich landläufig, wenn eine Zivilisation schon früh annähernd die modernen Errungenschaften erreicht hat, die unsere moderne Kultur des 21. Jahrhunderts ausmacht, also: Alkohol, Intrigen, Bestechung, Korruption; Klatsch, Tratsch und Werbekampagnen. Davon handelt dieses Buch.[1]

Mir geht es nicht „um der Weisheit letzter Schluss", sondern um ein paar andere Sichtweisen auf eine alte und auf unsere eigene Kultur. Deshalb betrachte ich dieses Buch als eine Art Dialog, in dem der Leser (erst einmal) nicht widersprechen kann.

Ich freue mich auf Ihre Antworten unter
pharaonengefluester@web.de

Viel Spaß beim Lesen :-))

Vom Fluch der Pharaonen oder ein Blick unter die Bettdecke der Geschichte

Archäologie der Vorurteile: Von Wissen und Unwissen

Der durchschnittliche Mitteleuropäer bildet sich nicht weiter durch die Lektüre von Parteiprogrammen, Playboy, Das Goldene Blatt, Bravo oder der Zeitung mit den vier Buchstaben - zumindest nicht öffentlich. Er informiert sich „objektiv" über die seriösen Medien. Dies mag, für die Gegenwart betrachtet, so sein. Aber wenn wir uns mit der Vergangenheit und alten Kulturen beschäftigen, bedienen wir uns hemmungslos der „unseriösen" Medien. Ein Beispiel: Vor einiger Zeit nahm ich an einer Ausgrabung teil. Während wir Archäologen es selbst in der Mittagspause nicht lassen konnten, uns über Neandertaler zu unterhalten, schaltete sich einer der Bauarbeiter ein, die uns auf der Ausgrabung unterstützten: „Von Neandertalern – da versteh´ ich auch was. Neulich stand in der Blödzeitung, dass se den letzten erst vor zwei Jahren in Sibirien erschossen ha´m." Hiernach auf ein mangelndes Bildungsniveau von Bauarbeitern zu schließen, wäre absolut falsch.

Neben diesem drastischen Beispiel kursieren in vielen Medien, auch den so genannten gehobenen, Vorstellungen bzw. auch Vorurteile über vergangene Kulturen, die so viel mit der (historisch nachweisbaren) Wirklichkeit zu tun haben wie ein Blick in die Regenbogenpresse. Gern sehen wir in alten Kulturen goldene Zeitalter, wo die Welt noch in Ordnung war. Und so basteln wir uns aus unserer persönlichen modernen Erfahrungswelt und ein paar Fakten ein kulturelles Disneyland. Wenig realitätsnah, aber ziemlich bunt.

Wie viel leichter kann man einen Toten oder sogar eine tote Kultur auf den Sockel heben als Wunschvorstellung, wie man selbst gerne sein möchte. So war z.B. das Zeitalter König Artus´, auch dank der amerikanischen Filmindustrie, voller Helden mit glänzenden Rüstungen und schöner Edelfrauen. Gern ignorieren wir da, dass Artus´ sagenhafte Burg Camelot, wenn sie überhaupt existiert hat, nicht mehr war als eine große Wallanlage mit Holzzäunen.[2]

Gehen wir noch einmal gut tausend Jahre zurück zu den Griechen, so denken wir an Statuen von kaum bekleideten knackigen Knaben (und Mädchen),Philosophen wie Plato und Aristoteles. Gern blenden wir dabei aus, dass das sagenhafte Athen mit seiner so vorbildlichen Demokratie lange Zeit nichts anderes war als ein größeres griechisches Kuhdorf mit einer gewissen überregionalen Bedeutung.[3]

Wenn wir aus ein paar Fakten und unserer eigenen Einschätzung (dem gesunden Menschenverstand) unser Bild von der griechischen Kultur zusammenzimmern, so nähern wir uns zumindest der Wirklichkeit. Schließlich haben wir von ihnen unsere Art zu denken. Was als logisch oder unlogisch zu beurteilen ist, haben unsere Vorfahren von den griechischen Philosophen übernommen. Wir alle, selbst die unter uns, die Aristoteles für ein neuartiges Abführmittel halten, haben diese Art zu denken mit der Muttermilch eingesogen.[4]

Gehen wir dann nicht nur ein paar Jahrhunderte oder gar Jahrtausende zurück, sondern betrachten wir dabei auch andere Kulturkreise, so wird es ganz abenteuerlich. Gerne stürzen wir uns ohne große Vorbereitung auf eine Kultur wie die Altägyptische und interpretieren das, was wir vorfinden, wie es uns „logisch" erscheint. Das Ergebnis dieser Deutungsversuche sagt dann meist mehr über die Personen aus, die sich mit Kultur beschäftigten, als über die Kultur selbst. Mal handelte es sich bei den Ägyptern um ein Volk von heilkundigen Magiern[5], die uns Erleuchtung bringen können, mal hatten sie Kontakt zu Außerirdischen[6]. Dann wieder galten sie als echte Arier[7] (Semiten oder sogar Afrikaner sind ja zu dumm für eine Hochkultur), mal waren die Ägypter ein Volk, in dem schon vor Jahrtausenden die Frau gleichberechtigt war[8]. Und überhaupt waren die Ägypter bestimmt bessere Menschen, viel edler und klüger als wir. Es werden gerne original altägyptische Texte ignoriert, in denen z.B. eindeutig steht, dass die Nubier dumm, feige und hinterlistig sind und man sie deswegen erobern muss (rein zufällig kontrollierten die Ägypter mit dieser „gut gemeinten" Eroberung die nubischen Goldvorkommen)[9]. Eine Weisheitslehre (also ein hoch offizieller Text) vermittelt auch eine etwas andere, weniger emanzipierte[10] Frauensicht: „... eine Frau belehren, heißt einen Sack mit Sand füllen, der an einer Seite aufgeschnitten ist ...".[11]

Ich denke, es ist klar geworden, wie viel unterschiedliche Vorstellungen über Kulturen, insbesondere die ägyptische, im Umlauf sind. Bereits seit mehreren Jahrhunderten haben sich die westlichen Kulturen mit dem alten Ägypten beschäftigt. Viele Vorstellungen und Fehldeutungen haben sich Schicht um Schicht über den eigentlichen Kern dieser Kultur gelegt und erschweren uns trotz so genannter Medientransparenz den Zugang. Wir entwickeln uns (angeblich) zu einer Wissensgesellschaft und sind dennoch nicht in der Lage, alte Kulturen vorurteilsfrei zu betrachten.

Ich lade Sie daher ein zu ein paar Ausgrabungen im übertragenen Sinne. Lassen Sie uns den Schutt der vergangenen Meinungen, Einstellungen und Vorurteile abtragen und schauen, was wirklich an Originaldokumenten auf uns gekommen ist, die uns der ägyptischen Kultur vielleicht etwas unvoreingenommener begegnen lassen.:

Wir stoßen zunächst auf das ausgehende Mittelalter. Im Jahre 1419 war ein Werk des Griechen Horapollon (5. Jh. n. Chr.) entdeckt worden, das sich mit dem „Lesen" von Hieroglyphen befasst. So heißt es z. B. in diesem Manuskript: „Um auf (das Wort) Offenheit hinzudeuten, schreiben sie (die Ägypter) einen Hasen – denn dieses Tier hat immer die Augen offen". Jetzt „wusste" jeder, wie man Hieroglyphen zu „lesen" hatte, und so gab es, ausgelöst durch Horapollon, eine Fülle von „Übersetzungen", bis dahin, dass selbst Künstler wie Dürer eigene „Hieroglyphen" oder aus heutiger Sicht Bilderrätsel schufen. Noch heute hält sich landläufig die Vorstellung von Hieroglyphen als einer Art Comic-Schrift.

Manche Fehldeutung der ägyptischen Kultur ist in den nachfolgenden Jahrhunderten auch darauf zurückzuführen, dass kaum ägyptische Originale oder Abbilder ägyptischer Denkmäler in Europa verfügbar waren. Einzig „Mumia", angeblich aus echten ägyptischen Mumien hergestellt, wurde als „Viagra" des Barock nach Europa importiert und fand dort reißenden Absatz. Angeblich war „Mumia" noch effektiver als Rhinoceroshorn oder andere Wundermittel. Wie viel aber nach dem „Genuss" von „Mumia" und einer wilden Liebesnacht schon damals an Herzversagen starben, ist bislang noch nicht bekannt.

Neue Impulse für die Beschäftigung mit dem alten Ägypten gab es erst durch den von Wissenschaftlern begleiteten Ägyptenfeldzug

Napoleons (1798-1801). Die Dokumentation der Forschungsarbeit, die „Description de l´Égypte" (erschienen 1809-1822), machte erstmals einer gewissen europäischen Öffentlichkeit überhaupt eine größere Anzahl von Ägyptischen Monumenten zugänglich. Bald darauf (1849) erschien dann unter der Leitung des deutschen Gelehrten Carl Richard Lepsius „Die Denkmäler Ägyptens und Äthiopiens". Lepsius konnte bereits von der Entdeckung seines französischen Kollegen Jean Francois Champollion profitieren und die Inschriften und Hieroglyphen, die er abzeichnete, auch wirklich lesen. Champollion hatte sich nämlich endlich von der seit dem 15. Jh. herumgeisternden Vorstellung gelöst, die Hieroglyphen seien eine Art Bilderschrift. Er hatte entdeckt, dass die Bilder für Lautwerte bzw. Buchstabenfolgen stehen und meist nicht für das, was sie darstellen (ein Hase hat die Buchstabenfolge wn). Der Stein von Rosette, eine mehrsprachige im Nildelta gefundene Inschrift, gab ihm die Möglichkeit, seine Erkenntnisse zweifelsfrei zu belegen.

Die Entdeckungen und Veröffentlichungen lösten eine wahre Ägyptenbegeisterung aus - Ägypten war schick und trendy. Möbel enthielten auf einmal ägyptisch aussehende Ziersäulen, in Italien findet sich sogar eine Bushaltestelle in Form eines kleinen ägyptischen Tempels und auf vielen älteren Friedhöfen stoßen Sie auch heute noch auf eine mehr oder weniger dümmlich lächelnde, unproportionierte „ägyptische" Sphinx.
Das merkwürdige an dem ganzen Rummel war, dass sich in der allgemeinen Öffentlichkeit eigentlich niemand wirklich für die inhaltlichen Hinterlassenschaften der Pharaonen interessierte. Die Ägyptologen entzifferten in ihrem Elfenbeinturm fleißig einen Text nach dem anderen und hatten innerhalb weniger Jahre mehr über die altägyptische Kultur herausgebracht als Generationen von Wissenschaftlern vor Ihnen, nur – es interessierte die breite Öffentlichkeit eigentlich nicht wirklich. Diese beiden Ansätze der Beschäftigung mit dem Alten Ägypten, der öffentliche, sensationslüsterne und der wissenschaftliche, haben sich bis auf den heutigen Tag in den westlichen Kulturen erhalten.

Immer wieder sind die Pharaonen im Trend. Löste 1922 die Entdeckung des Tutanchamun-Grabes eine Ägyptenwelle aus, so hat sich die Weltöffentlichkeit über die weltweite „Tournée" der Grabschätze desselben Königs in den 1980er Jahren erneut mit Märchen und Legenden wie dem „Fluch der Pharaonen" beschäftigt.

Im Rahmen der Ethnowelle Anfang der 1990er Jahre konnte man sogar Unterhosen mit Hieroglyphendekor erstehen.

Ist es dank Medientransparenz und tausender ägyptischer Originale in den Museen und vieler arbeitloser Ägyptologen, die bereitwillig Auskunft gäben, eigentlich kein Problem mehr, an fundierte Informationen zu gelangen, so nehmen z.B. Fragen danach, ob man die Hieroglyphen tatsächlich lesen könne, immer noch kein Ende. Und so mancher Fernsehsender steigert lieber seine Einschaltquoten, indem „Dokumentarfilme" über die Pharaonen eher zu einer Mischung aus „Tanz der Vampire" und „Rocky-Horror-Picture-Show" verkommen.

Tutanchamun – Fluch der Pharaonen oder Fluch der Presse?

Kaum haben wir uns durch die vorangangenen Betrachtungen etwas von den Vorstellungen und Vorurteilen der vergangenen Jahrhunderte befreit, türmt sich im Falle des Pharaos Tutanchamun ein neuer Wust aus Aberglauben, Fehleinschätzungen und Skandalgeschichtchen vor uns auf.[12] Hierzu gehört natürlich auch der so genannte Fluch der Pharaonen, der mit dem Grab des Königs und seiner Entdeckungsgeschichte eigentlich untrennbar verbunden ist.

Ein Blick in die Entdeckungsgeschichte des Grabes erscheint mir daher sinnvoll:
Am 4. November 1922 entdecken Howard Carter und seine Mitarbeiter im Tal der Könige am Rande der ägyptischen Westwüste den Eingang des Grabes.
Nach Ankunft des 5. Earl of Canarvon (1866-1923), dem Sponsor der Ausgrabung, werden am 24.11. die Arbeiten fortgesetzt. Am 29.11. wird das Grab offiziell geöffnet, und die „Times" erhält zum Ärger der gesamten Weltpresse die Exklusivrechte für die Berichterstattung über diesen sensationellen Fund. Am 17.02.1922 wird dann die Sargkammer, in der sich der Leichnam des Königs befindet, geöffnet. Etwa eineinhalb Monate später stirbt Lord Canarvon an einer durch einen endzündeten Moskitostich ausgelösten Lungenentzündung. Bald darauf tauchen erste Gerüchte von einem Fluch der Pharaonen als eigentlicher Todesursache auf, die dann von der Presse mit Begeisterung aufgebauscht werden.

Keiner aber stellt die Frage, warum sich ein reicher englischer Lord, der mehr für seine Eskapaden als für sein kulturelles Interesse bekannt war, eigentlich in einem Land wie Ägypten aufhielt. Nun, Canarvon fuhr lungenkrank, als Folge eines schweren Autounfalls, seit Jahren zur Kur nach Ägypten. Eine Kur in Ägypten war teuer und schick, aber für einen Salonlöwen wie Canarvon auch sterbenslangweilig. Nach einem geeigneten Zeitvertreib suchend, wurde ihm ein Landsmann, Howard Carter, empfohlen. Dieser sollte vor Ort die von seiner Lordschaft finanzierten Grabungen leiten.

Verwundert es dann immer noch, dass ein lungenkranker Mann, der jährlich zum Kuraufenthalt in Ägypten ist, infolge eines scheinbar harmlosen Infektes stirbt? Und verwundert es dann immer noch, dass die verärgerten Journalisten, die über den Jahrhundertfund des Tutanchamun-Grabes (aufgrund Exklusivrechte der Times) nur aus zweiter Hand berichten konnten, die Nachricht vom angeblich mysteriösen Tod des Lords begeistert aufnehmen?

Bereits kurz nach seiner Entdeckung entwickelte sich das Grab zu einem In-Treff der Londoner High Society. Die Spitzenhotels waren nach kürzester Zeit ausgebucht. Man platzierte sich am Rand des Grabungsschachtes: „Dort saßen sie den ganzen Morgen, lasen, unterhielten sich, strickten, machten Aufnahmen vom Grab und voneinander ... Groß war jedesmal die Aufregung, wenn wir hinaufsagen ließen, dass etwas aus dem Grab herausgeschafft werden würde. Bücher und Strickzeug wurden beiseite geworfen, die ganze Batterie der (Foto-) Apparate machte die Rohre frei, und wurde auf den Eingang gerichtet ...", so beschrieb Howard Carter selbst die Situation am Grab. Die wissenschaftliche Bedeutung des Grabes und der ägyptischen Kultur war, wie schon zuvor geschildert, fast nebensächlich. Wichtig war welche, Stars, Sternchen und gekrönten Häupter sich die Ehre gaben.

Doch wieder zurück zu den Ereignissen um das Grab. Konnten die Journalisten zwar nicht über die sagenhaften Schätze selbst berichten, so waren sie „dank des Fluches" in der Lage, über die „dramatischen Geschehnisse" und das tragische Ende eines für seine Eskapaden berühmten Lords „aus erster Hand" zu schreiben. Die weite Anreise hatte sich für die Presse dann doch noch gelohnt. Außerdem konnte man so dem durch seine Pressepolitik verhassten Lord auch nach seinem Tod noch eins auswischen. Die archäologische Situation lieferte lediglich den Anlass zu diversen Klatschgeschichten, die von der Regenbogenpresse ausgewalzt wurden und sich vielleicht sogar besser verkauften als die zwanzigste oder dreißigste vergoldete Statue eines vor Jahrtausenden verstorbenen ägyptischen Königs.

Thomas Hoving hat als erster überhaupt die Entdeckungsgeschichte des Grabes richtig aufgearbeitet und sagt dann auch in seinem 1978 erschienen Buch „Der goldene Pharao": „Was ich entdeckt hatte, war die Wahrheit, doch sie war nicht unbedingt heroisch und ergreifend: vielmehr eine Geschichte voller Intrigen, krimineller Handlungen, Verleumdungen, Lügen, zerstörter Hoffnungen und Leid. Ein Abgrund menschlicher Verfehlungen tat sich auf, und ich erkannte, dass man das Thema „Archäologie in Ägypten" künftig unter ganz neuen Aspekten würde betrachten müssen." So viel zum modernen Fluch der Pharaonen.

Nun aber zu den pharaonischen Quellen. Einer der ägyptischen Texte – eine einheitliche Fluch- bzw. Drohformel gibt es gar nicht - lautet folgendermaßen: „Was Leute angeht, die irgendetwas Böses gegen die Opferstelle dieses meines Grabes oder Totenpriester meiner Totenstiftung unternehmen sollten, mit denen werde ich durch den großen Gott gerichtet werden; ich werde ihren Hals wie den einer Gans packen, denn ich bin ein fähiger Verklärter, der seinen Zauberspruch kennt; und ich kenn jedes Geheimnis der Schrift, durch das man in der Totenstadt verklärt wird."[13] Es ist hier von der Verurteilung eines Grabschänders vor dem Jenseitsgericht und somit vom Verlust seines jenseitigen ewigen Lebens die Rede. In die heutige Sprache und Vorstellungswelt übertragen hieße das: „Wer mein Grab schändet, kommt nicht in den Himmel". Außerdem datiert der wiedergegebene Text (und die meisten dieser Art) an das Ende des Alten Reiches (6. Dynastie, ca. 2290-2135 v. Chr.), entstand also über 700 Jahre vor dem Begräbnis Tutanchamuns. Hielte man einen so alten Text und seinen Zusammenhang für eine spätere Epoche für voll gültig, so könnte man im Vergleich genausogut im heutigen Europa die im Zeitalter der Inquisition üblichen Rechtspraktiken wie Streckbank, Daumenschrauben und Ähnliches als maßgeblich für die moderne Justiz betrachten.

Quellenarbeit - Der Ägypter an sich: Supermann oder korrupter Rüpel?

Zudem kann man einigen Quellen entnehmen, dass die Ägypter
gar nicht so zimperlich miteinander und mit ihren Toten umgegan-
gen sind. Ein wenn auch sehr drastischer Falle von Entehrung
eines königlichen Begräbnisses ist der des altägyptischen Vorarbei-
ters Paneb: Besagter Paneb trieb zwischen 1204 und 1193 v. Chr.[14]
zu einer Zeit raschen Thronwechsels und einer somit schwachen
Zentralgewalt sein Unwesen. Stätte seines „Wirkens" war die heute
als Deir el Medineh bezeichnete Arbeitersiedlung, auf dem thebanischen Westufer in der Nähe des Königsgräbertales. Es war die
alleinige Aufgabe der dort angesiedelten Arbeiter und Handwerker,
die Gräber der Pharaonen anzulegen und zu dekorieren. Die Arbeiter und Handwerker waren in zwei Arbeitsgruppen aufgeteilt,
die jeweils einem Vorarbeiter unterstanden. Einer dieser Vorarbeiter war zunächst ein gewisser Neferhotep. Dieser förderte und
begünstigte den einfachen Arbeiter Paneb. Paneb war dadurch
offenbar nach einiger Zeit in der Lage, einen eigenen Hausstand zu
gründen und sich dann sogar gegen seinen Gönner Neferhotep zu
wenden. Als dieser ermordet wurde (ob Paneb hier nachgeholfen
hat, ist unklar), stieg Paneb zum Vorarbeiter auf und begann offenbar gezielt die Familie seines verstorbenen Vorgängers und
Gönners zu schikanieren. Außerdem machte sich Paneb seine
Position zunutze, um sich in jedweder Form zu bereichern. Ein
gewisser Amunnacht, der Bruder des verstorbenen Neferhotep,
verfasste eine Anklageschrift, die die einzelnen Vergehen des Paneb auflistete. Hier nun einige Auszüge daraus: „Und beim Begräbnis aller Könige, meldete ich (Amunnacht), dass Paneb Teil
der Grabausstattung der Königs Seti Merenptah gestohlen hatte."
Es folgt zunächst eine Liste der gestohlenen Gegenstände, dann
berichtet Amunnacht weiter:
„Er nahm seinen (des Pharaos) Wein an sich und setzte sich auf
den Sarkophag des Pharaos, in dem dieser bereits ruhte." Unser
„Freund" Paneb wäre nach diesem Vorfall eigentlich um einiges
prädestinierter für ein Opfer des Pharaonenfluches als ein
schwindsüchtiger, kurender Earl of Canarvon. Paneb jedoch lebte
nach diesem Vorfall noch lange genug, um eine Reihe von Meinei-
den, Vergewaltigungen und Morden zu begehen. Außerdem ver-
wendete Paneb die sorgfältig behauenen Steinquader, die den
Grabeingang eines Königsgrabes säumten, zum Bau seiner eigenen
Grabkapelle. Auch von weiteren Grabräubereien ist die Rede: „Er
stieg hinab in das Grab des Arbeiters Nachtmin und stahl das Bett,

auf dem er aufgebahrt lag. Er nahm die Gegenstände, die man den Toten mitzugeben pflegt, und stahl sie."

Nach weiteren Anschuldigen endet dann die Anklageschrift mit den Worten: „Gewiss, es (sein Verhalten) ist wahrlich einem solchen Amt unwürdig. Oh, er bleibt wohlbehalten, obwohl er wie ein Rasender ist. Und er war es, der jene Männer tötete, damit sie nicht dem Pharao Nachricht brächten. Siehe, ich habe veranlasst, dass der Wesir in Kenntnis gesetzt wird über sein Verhalten." Ob das hier in Auszügen wiedergegebene Schriftstück den Wesir, den höchsten ägyptischen Staatsbeamten, tatsächlich erreichte, wissen wir nicht. Allerdings hören die Nachrichten über Paneb nach einem neuerlichen Thronwechsel bald auf. Es ist daher anzunehmen, dass das Unwesen unseres „Freundes" eher durch die allmählich wiedererstarkende Zentralgewalt beendet wurde als durch den angeblichen Fluch der Pharaonen.

Der wenn auch extreme Fall des Paneb will eigentlich gar nicht so recht in unser romantisches Bild vom lebensfrohen, kunstsinnigen und sensiblen Ägypter passen. Aber es ist eben nur ein Bild.

Bei genauerem Hinsehen bekommt dieses Bild sogar noch einige weitere Kratzer. Es geht nämlich um „Unregelmäßigkeiten in der Warenlieferung", wie man etwas höflicher die Straftatbestände Unterschlagung und Korruption umschreiben könnte. Zum Verständnis der vorliegenden Dokumente muss ich wieder etwas ausholen:

Ein Tempel war nicht nur Wohnung für die Götter, sondern, vergleichbar den mittelalterlichen Klöstern, vor allem Wirtschaftszentrum und Verwaltungseinheit. Den Tempeln gehörten große Ländereien und ganze Dörfer, sie hatten neben den eigentlichen Priestern Hunderte von Arbeitern und Handwerkern unter Vertrag. Die Ländereien grenzten nicht immer unmittelbar an die Tempelmauern, sondern waren mitunter mehrere hundert Kilometer entfernt. Da konnte es schon einmal den einen oder anderen Schwund geben. Spendenaffären sind eben doch keine Erfindung der Neuzeit und auch damals schon führten „Ehrenworte" dazu, dass bestimmte Kreise recht wohlhabend wurden. So spricht auch eine Inschrift, die Sethos I. im 4. Jahr seiner Regierung (ca. 1307 v. Chr.) anbringen ließ, Klartext:[15]

„Seine Majestät hat ein Dekret erlassen für das Millionenjahrhaus (den Totentempel) des Königs von Ober- und Unterägypten Men-maat-re (=Sethos I.)... um Zwischenfälle (Unterschlagungen) jeglicher Güter dieser Domäne (= dieses Tempelbesitzes) zu verhindern ..." Weiter heißt es in den Zeilen 94 bis 97: „Was nun jeden ... betrifft, der ein jegliches zum Tempel gehöriges Schiff frei passieren lassen sollte, welcher aber (statt dessen) von ihm (dem Schiff) Waren entfernt, oder (statt dessen) irgendeinen Diensthabenden eines (solchen) Schiffes, der der Tempeldomäne unterstellt ist, fortnimmt, der soll bestraft werden: Die von ihm reqirierten Waren werden ihm abgenommen, und die Löhne des von ihm für eigene Zwecke in Anspruch genommenen Diensthabenden werden ihm in Rechnung gestellt." Auch damals gehörte die Juristensprache nicht gerade zu den einfachsten Arten sich auszudrücken. Aber eins bleibt unbenommen: Dieser Sondererlass wurde nicht ohne Grund in den Felsen von Nauri geschlagen. Der Totentempel des Königs von Abydos war schließlich Hunderte von Kilometer von seinen Ländereien im nubischen Nauri entfernt. Da konnte so manches verschwinden.

Dass so etwas vorkam, wenn man nicht den Daumen draufhielt, zeigt uns ein ca. 150 Jahre jüngerer Bericht aus der Zeit Ramses´ V. (um ca. 1150 v. Chr.), der sogenannte Skandalpapyrus von Elephantine. Dem Tempel von Elephantine, nahe der heutigen Stadt Assuan, unterstanden diverse Ländereien und die daraus hervorgehenden Erträge. Erstaunlicherweise befinden sich (wie auch bei der Nauriinschrift) einige dieser Gebiete ca. 1000 km nördlich im Nildelta. Das jährliche Soll von 700 Sack Getreide wurde per Schiff geliefert. Nach dem Tod des für den Transport verantwortlichen Schiffskapitäns wird auf Anraten eines Priesters vom Tempel des Gottes Khnum in Elephantine ein gewisser Khnumnacht zum Kapitän ernannt. Unter der Leitung dieses Khnumnacht haben die alljährlichen Lieferungen einen erstaunlichen Schwund zu verzeichnen. Es folgt ein Auszug aus der Liste, die die Verluste von 9 Jahren anführt:[16]

- „Erstes Regierungsjahr des Königs Ramses V., des großen Gottes; es gelangten nach Elephantine durch die Hand des Schiffskapitäns (= Khnumnakht) 100 Sack (Getreide). Verlust - 600.
- „Zweites Regierungsjahr des Königs Ramses V., des großen Gottes; 130 Sack (Getreide). Verlust - 570.
- „Drittes Regierungsjahr des Königs Ramses V., des großen Gottes; (Verlust) – 700 (Sack). Er (Khnumnacht) brachte keinen von ihnen in den Kornspeicher (des Tempels)."

Das Dokument führt dann noch sechs weitere „arbeitsreiche" Jahre auf und endet dann mit den Worten:

„Summe: Getreide des Hauses (des Tempelbesitzes)des Khnum, Herr von Elephantine; in Bezug auf das, was der Schiffskapitän zusammen mit Schreibern, Kontrolleuren und Bauern des Hauses (des Tempelbesitzes) veruntreuten und für ihre privaten Zwecke verwendeten: 5004 Säcke Getreide."
Auch vom Schicksal Khnumnakhts (und seiner stillen Teilhaber) wissen wir nichts. Doch auch er profitierte, wie Paneb einige Jahrzehnte zuvor, von einer schwachen Zentralregierung und dem raschen Thronwechsel der Herrscherfamilie der Ramessiden.

Die Reihe mit echten Belegen von Skandalen, Intrigen und üblen Machenschaften könnte ich um einiges noch ergänzen. Wozu diese Anhäufung von Zitaten und Quellenbelegen? Ich habe mich bemüht (vielleicht sogar erfolgreich) mit Ihnen das auszugraben, was von den Ägyptern übrig blieb. Wir haben in einer Mischung aus geistiger Archäologie und kulturellem Striptease den Schutt unserer Vorstellungen und Wünsche zur Seite geschoben und den Mantel der Vergangenheit etwas angehoben. Und was kam zum Vorschein? Kein Supermann, sondern ein Mensch mit Ecken und Kanten, Träumen und Ängsten. Vielleicht nicht dass, was wir eigentlich gerne hätten, sondern eher eine Mischung aus Reality-TV, „Gute Zeiten – schlechte Zeiten" und Big Brother. Aber die Einschaltquoten der genannten Genres sind doch auch nicht schlecht. Also, bleiben Sie dran.

Per Anhalter durch die Dynastien: ein Blitzlicht zur ägyptischen Geschichte

Geschichtseinteilung

Auch mit der Geschichte verhält es sich wie mit allen Aspekten der ägyptischen Kultur: Es ist schlimmer, als es aussieht. Wie die Ägypter selbst ihre historische Entwicklung sahen und ob und wie sie sie klassifizierten, ist uns nur in Ansätzen bekannt. Bereits griechische Historiker haben sich daher bemüht, etwas „Ordnung" in die Reihen der Könige und Epochen zu bringen, die man aus der ägyptischen Geschichte herauszufinden glaubte. Das vorgestellte System aus Dynastien und Epochen, den so genannten Reichen, hat sich im Laufe des Umgangs mit der ägyptischen Kultur zwar bestens bewährt, ist aber eigentlich eine Erfindung der Historiker und nicht der Ägypter selbst. Im Großen und Ganzen ist die Abfolge der herrschenden Könige durch die ägyptischen Quellen bekannt. Die im Laufe der über 2000-jährigen Geschichte auftretenden „Lücken" sind zwar Stoff für unzählige Dissertationen und Fachvorträge, sollen uns hier aber nicht weiter verwirren.

Noch eins ist wichtig beim Umgang mit der ägyptischen Geschichte. Die uns überlieferten pharaonischen Texte sind ungefähr ähnlich glaubwürdig wie heutzutage die Rechenschaftsberichte der jeweiligen Regierungspartei: Irgendetwas Wahres ist selbst da immer dran. Bei einem Großteil der überlieferten Texte haben wir es lediglich mit der offiziellen Version der Geschehnisse zu tun. In manchen Fällen ist es durch (meist archäologische) Belege möglich, sich dem wahren Geschehen anzunähern. Dann werde ich im Rahmen unseres Streifzuges darauf aufmerksam machen.

Nun aber zur Grundeinteilung der ägyptischen Geschichte: Die drei Hauptepochen nennen sich Altes Reich, Mittleres Reich und Neues Reich. Am Anfang dieser Reiche steht die Frühzeit und an deren Ende die Spätzeit. Zwischen dem Alten, Mittleren und Neuen Reich liegen die, wie ihr Name erahnen lässt, Zwischenzeiten. Hierbei handelt es sich in der Regel um Phasen in der ägyptischen Geschichte ohne einen zentralen Herrscher. Gerne wurden solche Phasen von der offiziellen pharaonischen Geschichtsschreibung als

Zeiten der Wirren und Hungersnöte beschrieben. Die Wahrheit sah ein bisschen anders aus, aber dazu später.

Innerhalb der genannten Hauptepochen werden die einzelnen Herrscherabfolgen zu Dynastien zusammengefasst. Eine Dynastie bezeichnet ganz grob die Herrschaft einer Familie. Dabei spielte es innerhalb einer Dynastie keine Rolle, ob der Nachfolger immer der Sohn des Königs und der Königin war. Oft hatten - mangels Masse - sogar die Sprösslinge von Nebenfrauen des Königs eine Chance. Die Zusammengehörigkeit der Herrscherlinie lässt sich daran erkennen, dass die Könige einer Dynastie, zumindest mit einem Namen, fast alle ähnlich hießen. So nannten sich die meisten Könige der 11. Dynastie Mentuhotep und die der 12. Dynastie Amenemhet und Sesostris. Damit wir nicht gänzlich durcheinanderkommen, wurden die Herrscher mit gleichem Namen, ähnlich wie gleichnamige Könige Europas und amerikanische Multimillionäre, durchnummeriert. So finden sich beispielsweise im Neuen Reich in der 19. und 20. Dynastie insgesamt sogar elf Herrscher mit dem Namen Ramses.

Die vorgestellte Einteilung in Reiche und Dynastien ist vielleicht etwas ungewohnt, hat aber einen entscheidenden Vorteil: Es werden die absoluten Zeitangaben, wie z.B. 1375 v. Chr., vermieden. Denn die Datierung ägyptischer Herrscher nach unseren Jahreszahlen ist ein stark diskutiertes Thema, das mittlerweile diverse Buchmeter ägyptologischer Fachliteratur hervorgerufen hat. Ohne dass wir uns hier unnötig in Details verlieren, sollen dennoch einige Anmerkungen wenigstens zum Grundverständnis des Problems beitragen:
Es gibt in der altägyptischen Zeitrechnung keinen absoluten Bezugspunkt wie bei uns das Jahr 0 als das Geburtsjahr Christi. Aus altägyptischer Sicht begann die Zeitrechnung mit jedem Regierungswechsel gewissermaßen neu. Die Zeitangaben offizieller Texte lauten daher immer Jahr x des Königs xyz. Das wäre noch nicht weiter schlimm, wenn die Anzahl der Regierungsjahre der einzelnen Herrscher lückenlos erhalten wären. Sind sie aber nicht.

Die Beschreibung astronomischer Ereignisse in altägyptischen Quellen könnten eine Datierung möglich machen, denn in solchen Fällen lügen die Sterne wirklich nicht: Astronomische Erscheinungen, wie Sonnen- und Mondfinsternisse, Kometenbahnen, aber auch das Auftreten von Himmelskörpern am Morgenhimmel, können Astronomen häufig auf den Tag genau berechnen. Kombiniert mit der in der Inschrift enthaltenen Angabe Jahr x des Herrschers xyz können wir dann eine verlässliche Altersbestimmung erhalten.

Leider finden wir nur in zwei der überlieferten altägyptischen Texte eine astronomisch datierbare Himmelsbeobachtung - der Frühaufgang des Sirius (ein Gestirn von zentraler Bedeutung für die Ägypter). Besser als nichts, werden Sie sagen. Nur ist in beiden Fällen nicht vollkommen klar, wo dieses Phänomen beobachtet wurde. Ob der Frühaufgang im Norden oder im Süden des über 1000 km langen Landes aufgezeichnet wurde, entspricht einem Zeitunterschied von etwa 3 Tagen. Auch nicht weiter schlimm? Nein, zu früh gefreut: Hochgerechnet auf die gesamte ägyptische Geschichte verursacht dies in den Datierungsangaben einen Unterschied von mehreren Jahren.
Somit ist es wirklich einfacher, bei den relativen Angaben zu bleiben und die konkreten Jahreszahlen nur als Orientierungshilfe zu nutzen.

Die erwähnte Durchnummerierung gleichnamiger Könige machte schon für unsere europäische Geschichtsschreibung die Orientierung nur scheinbar einfacher. Manche erhielten Beinamen, die für etwas mehr Eindeutigkeit sorgten, wie Karl der Große, Philipp der Schöne, Johann Ohneland oder Johanna die Wahnsinnige. Ich möchte diese Tradition aufnehmen und den Pharaonen dort Spitznamen geben, wo es sinnvoll erscheint. Es soll Ihnen bei den ganzen Königen von Sesostris III. über Thutmosis IV. bis hin zu Ramses IX etwas mehr Orientierung geben.

Die Frühzeit

In diese Zeit - etwa 3050 bis 2700 v. Chr. - fallen die ersten beiden Dynastien und die Entstehung einer gesamtägyptischen Herrschaft. Lange Jahre ist die Ägyptologie immer davon ausgegangen, dass sich im Laufe der Vorgeschichte zwei Landesteile, Oberägypten und Unterägypten, mit jeweils einem Oberhaupt, herausgebildet hatten. Diese beiden Länder wurden, so die ägyptische Überlieferung, von einem sagenhaften König namens Menes vereint.[17] Archäologisch lässt sich dieser Menes schlecht nachweisen. Wahrscheinlich ist er identisch mit einem König namens Narmer. Von

Narmer gibt es mehrere Denkmäler, die Siege über andere Stämme belegen. Für die Ägyptologen beginnt mit Narmer, als 1. König der 1. Dynastie, die den offizielle ägyptische Geschichtsschreibung.

So weit die offizielle Version, die aus den Funden und Quellen hervorgeht. Auch die Ägyptologie war lange Jahre davon überzeugt, dass diese Version der historischen Wahrheit entspräche. Jedoch belegen archäologische Funde und Auswertungen der letzten zehn Jahre, dass sich bis in die Zeit der Reichseinigung die vorzeitlichen Stämme mit ihrer kulturellen Vielfalt erhalten haben. Was auch von den alten Ägyptern bereits ab dem Alten Reich als „einfacher" Kampf zwischen zwei Staaten dargestellt wurde, war wahrscheinlich ein schier endloses Gemetzel zwischen unterschiedlichen Stämmen. Außerdem ist es wahrscheinlich, dass es bereits vor Narmer eine Art geeintes Ägypten gegeben hat. Die Forschung spricht hier von einer „Dynastie 0." Lassen Sie uns also lieber die Flucht ergreifen und uns in etwas sichereres Fahrwasser begeben.

Das Alte Reich: Von Aufbauern und Bauhäuslern

In dieser Epoche, dem Zeitalter der Pyramiden, wurde gebaut, gebaut und gebaut. Das ist der Eindruck, den wir aufgrund der gigantischen Pyramiden und Tempel gewinnen müssen. Die echten historischen Belege sind, im Verhältnis zur Dauer der Epoche gesehen, gerade in der 3. und 4. Dynastie relativ dünn. Dafür sprechen die streng gegliederten monumentalen Bauwerke Bände: Nur ein gut funktionierendes Staatssystem in Kombination mit einer ausgeklügelten Baulogistik kann derartige Großprojekte wie Tempel und Pyramiden überhaupt bewerkstelligen.

Gerade in der 3. und 4. Dynastie waren geschwätzige Inschriften nicht üblich, und so finden wir mitten in der Wüste nur Denksteine lediglich mit dem Königsnamen. Auch belegen Inschriften bereits in dieser Zeit im Sinai im Wadi Maghara königliche Kupferminen. Den Aufwand einer Expedition in solch wasserlose Gebiete können wir nur erahnen.

In der 5. und 6. Dynastie sind die historischen Dokumente wesentlich beredter. Besonders die Gräber reicher Beamter enthalten häufig ganze Lebensläufe mit Berichten über Expeditionen ins ferne Nubien und sonstige Heldentaten. Gegen Ende der 6. Dynastie ist die Einheit des Reiches nicht mehr aufrechtzuerhalten, und die erste Zwischenzeit mit ihren regionalen Fürstentümern beginnt.

Einige Herrscher im Alten Reich

Djoser

Mit seiner Stufenpyramide und das Bauwerk umgebenden Architektur, die einem ägyptischen Königspalast nachempfunden wurde, gilt er als Erbauer der ersten Pyramide, einer Stufenpyramide. Sein Wesir, der höchste Minister, Imhotep war vielleicht so etwas wie der Einstein Ägyptens. Imhotep war auch in späterer Zeit die Symbolfigur für Weisheit und genoss sogar göttliche Verehrung.

Snofru der Baulöwe

Snofru ist, was nicht so bekannt ist, der eigentliche Baulöwe des Alten Reiches. Er errichtete insgesamt drei Pyramiden. Zusammengerechnet übersteigt sein Bauvolumen die Leistungen seines Nachfolgers Cheops um das Eineinhalb-, wenn nicht sogar um das Zweifache.

Cheops der Verleumdete

Er ist einer der Herrscher Ägyptens mit dem (unverdient) schlechtesten Ruf. In seiner Regierungszeit wurde die größte Pyramide des Landes errichtet. Etwas derart Monumentales kann (angeblich) nur durch Sklaverei und Unterdrückung entstehen, so beispielsweise die Ansicht der amerikanischen Filmindustrie, die sich bereits vor zwei Jahrzehnten des Themas annahm. Leider wird diese Vorstellung auch noch durch eine altägyptische Märchensammlung (Papyrus Westcar) scheinbar bestätigt. Allerdings ist der Text erst im Mittleren Reich, mehrere Jahrhunderte nach dem Tode des Königs, entstanden. Auch hier wird Cheops zu einem selbstsüchtigen Herrscher abgestempelt.

„Es stimmt also doch", werden Sie jetzt sagen. Zu früh gefreut, es gab bei den Ägyptern niemals so etwas wie eine echte Geschichtsschreibung. Texte mit einem scheinbar historischen Bezug haben meist die Aufgabe Entwicklungen und Taten nachfolgender Herrscher und Generationen zu rechtfertigen. Das gilt auch für diesen Text. Er beendet nämlich mit einer Prophezeihung, in der ein goldenes Zeitalter unter den Königen Userkaf, Sahure und Neferirkare, drei Königen der nachfolgenden 5. Dynastie, angekündigt wird. Die Zeit unter Cheops muss daher schlecht gewesen sein, sonst machte ja die Prophezeihung keinen Sinn. Fazit: Sowohl die alten Ägypter einige Jahrhunderte nach Cheops als auch die amerikanische Filmindustrie einige Jahrtausende später schlossen nur aufgrund der Größe seiner Pyramide darauf, dass Cheops ein Tyrann war. Es gibt keinerlei sichere Quellen für eine Schreckensherrschaft unter Cheops. Sein Vorgänger Snofru baute zusammengerechnet wesentlich mehr, hat aber in der ägyptischen Geschichtsschreibung (oder besser Geschichtenschreibung) ein sehr gutes Image.

Die 5. Dynastie Userkaf & Co (die Sonnenkinder) und die 6. Dynastie (Das Nachspiel)
Ob man dem üblen Gerede über Cheops glauben schenken will oder nicht, auf jeden Fall werden unter seinen Nachfolgern die Pyramiden kleiner. Außerdem entstehen noch Sonnenheiligtümer für den Kult des Sonnengottes Re. Dies und die Tatsache, dass fast alle Herrscher in ihrem Königsnamen eine Aussage zu Re enthalten, lässt einen Wandel in den religiösen Überzeugungen annehmen. Beispielsweise bedeutet der Königsname Sahure „Re der mir begegnen möge"
Politisch geht es mit Ägypten im Laufe der 5. Dynastie, aber ganz besonders in der 6. Dynastie, bergab. Auf die Dauer funktioniert ein absolut zentralistisches Staatssystem einfach nicht. War zu Beginn der ägyptischen Geschichte alles Besitztum fest in Pharaos Hand, versuchten im Laufe der Zeit die zu Macht gekommenen Beamten ihre gewissermaßen als Lehen erhaltenen Güter an ihre Nachkommen zu vererben und ihr eigenes Süppchen zu kochen. Das gelang besonders gut in den Provinzen, in die der lange starke Arm Pharaos wohl doch nicht ganz reichte. So ging es dann im Laufe 6. Dynastie nach der Herrschaft des Königs Pepi II. mit dem ganzen auf einer zentralistischen Struktur aufgebauten Staatssystem bergab.

1. Zwischenzeit: Ein Leben ohne Pharao macht den kleinsten Fürsten froh

Dieser Zerfall des Staates muss für die nachfolgenden (Herrscher-)Generationen wie ein Schock, wie eine stetige Mahnung gewesen sein. Der von der Mentalität her stockkonservative pharaonische

Ägypter muss diesen Systemwandel als absolute Katastrophe empfunden haben. Selbstverständlich gibt es immer Leid und Elend,
wenn ein bestehendes System zusammenbricht, aber archäologische Funde zeigen, dass es den Menschen im Laufe der ersten
Zwischenzeit gar nicht so schlecht gegangen sein kann.

Die relativ große Menge altägyptischer Literatur beschreibt die 1.
Zwischenzeit durchgängig als Zeit des Elends und der Zerstörung.
Dieser offiziellen Meinung aus den „pharaonischen Presseabteilun-
gen" sind Generationen von Ägyptologen aufgesessen. Nur lassen
die reichen Beigaben einiger Friedhöfe dieses angebliche Elend
nicht erkennen. Das gestiegene Selbstbewusstsein der örtlichen
Machthaber in dieser Zeit lässt sich beispielsweise auch an den
Grabinschriften des Fürsten Anchtifi von Mi´alla ablesen. Hier
stellt sich der Fürst als eine Art „Rächer für Witwen und Waisen"
dar: Alle Nachbarn würden hungern, nur seinen Leuten ginge es
gut. Dass es sich hierbei, wie bei den Ägyptern üblich, nicht gerade
um eine neutrale Berichterstattung handelt, ist wohl auch klar.

Das Mittlere Reich: Von Machtmenschen und Griesgramen

Aus den ganzen Fehden geht letztendlich eine oberägyptische
Familie mit dem (Familien-)Namen Antef hervor. Dem jüngsten
Spross der Sippe, Mentuhotep II., gelingt es dann, das Land wieder
zu vereinigen. Aber die Kämpfe mit den lokalen Fürsten, die ihr
eigenes Süppchen kochen wollen, sind noch lange nicht vorbei. So
endet die 11. Dynastie in Wirren, an denen das Land zu zerbrechen
droht. Einem Wezir gelingt es, wieder für Stabilität zu sorgen. Er
ist Begründer der 12. Dynastie und besteigt als Amenemhet I. den
Thron. Der ständige Machtkampf mit den Gaufürsten[18] scheint
diese Epoche zu prägen. Gleichzeitig wird das gold- und rohstoff-
reiche Nubien (Teile des heutigen Sudan) endgültig „eingemein-
det". Regelrechte Festungsgürtel verhindern, dass Nubier ungese-
hen nach Ägypten einwandern. Die Festung Buhen wird zum
ägyptischen Fort Knox: Hier werden die Golderträge aus den
Minen bis zu ihrem Transport nach Ägypten eingelagert. Nubische
Söldner, die Medjai, werden die Elite- und Polizeitruppe des Landes. Ägypten wird endgültig Militärstaat.

Sollte man den Statuen der Könige glauben, so waren die Könige des Mittleren Reiches die Schlechtgelauntesten. Die Mundwinkel sind zum Teil so tief heruntergezogen, dass so mancher Schönheitschirurg an der Korrektur eine echte Lebensaufgabe gefunden hätte. Manche Kunsthistoriker meinen, dass über diese „Ära der Sorgenfalten" besonders die staatsmännische Verantwortung zum Ausdruck gebracht werden soll. Das mag durchaus sein. Schließlich pflegen auch einige unserer Spitzenpolitiker selbst bei Sätzen wie „nun gebt mir mal `ne Flasche Bier" sorgenvoll in die Kamera zu blicken.

Mit dem Ende der Familie Amenemhet/Sesostris wackelt wieder einmal die Zentralgewalt, und das Land zerfasert sich erneut in Einzelterritorien.

Einige Herrscher im Mittleren Reich
Sesostris I. der Nubieneroberer

Er ist der Sohn Amenemhets I. und hatte wohl einige Mühen, das Reich zu stabilisieren. Das lässt sich zumindest aus der Geschichte des Sinuhe entnehmen. Sinuhe, ein höherer Beamter Amenemhets I., ergreift die Flucht, als er vom Tod seines Königs hört. Was genau vorgefallen ist, davon ist in der Geschichte nicht die Rede. Es bleibt zu vermuten, dass Amenemhet I. von irgendwelchen Lokalfürsten, die um ihre Pfründe fürchteten, ermordet wurde. Vielleicht hatte Sinuhe Angst, da mit hineingezogen zu werden, und verließ das Land. Sesostris I. gelingt es offenbar, die Situation in den Griff zu bekommen. Er verschiebt die Grenze bis weit nach Nubien und begründet die dauerhafte Besetzung des rohstofffreichen Landes durch Ägypten.

Sesostris III. der Bewahrer

Dieser König setzt das Werk seines Urgroßvaters, Sesostris´ I., fort und überzieht die Gegend um den 2. Katarakt mit einem Festungsgürtel, der seinesgleichen sucht. Auf einem Denkstein, den er in der Grenzfestung Semna hat errichten lassen, sagt er auch unmissverständlich: „... was jeden ... angeht, der diese meine Grenze nicht hält, mein Sohn ist er nicht, mir ward er nicht geboren..." Also Klartext: Jeder Nachfolger, der diese Grenzfestung nicht hält, wird enterbt. Nebenher ist er eifrig damit beschäftigt, die immer noch renitenten Lokalfürsten auszubooten.

Amenemhet III. der Fürstenschlächter

Er bringt das Werk seines Vaters Sesostris´ III. zu Ende. Wie das geschieht, darüber schweigt die offizielle Geschichtsschreibung vornehm. Eins ist klar: Unter Amenemhet III. wurden in den ägyptischen Provinzen keine prächtigen Fürstengräber angelegt. Noch unter seinem Vorgänger entstanden, z.B. in Quau-el-Kebir, Fürstengräber von königlichen Ausmaßen. Mit dem neuen Herrscher gibt es derartige Gräber nicht mehr. Die Familien der einst mächtigen Fürsten sind innerhalb weniger Jahre wie vom Erdboden (oder von den Soldaten des Herrschers?) verschluckt. Wer da „nachgeholfen" hat, ist nicht mehr genau nachvollziehbar.

Das nicht gerade zimperliche Vorgehen von Vater und Sohn scheint aber dem Gesamtfortschritt des Landes gut zu bekommen: Literatur, Bautätigkeit und die Erschließung neuer Ländereien (das Sumpfland Faijum wird trockengelegt) erleben eine echte Hochblüte.

Doch nach Amenemhet III. rutscht das Land über Jahrzehnte wieder in die Instabilität. Hinzu kommt noch, dass Ägypten im Mittleren Reich erstmals so etwas wie eine Außenpolitik mit Handelskontakten in Palästina und Kolonien in Nubien betreibt. Ein Schwächerwerden der Herrschaft führt, neben inneren Machtkämpfen, daher zwangsläufig auch zu Aufständen und Übergriffen der Nachbarn.

2. Zwischenzeit: Big Brother Asien – du bist nicht allein

Die Epoche wird von den nachfolgenden Herrschern des Neuen Reiches natürlich wieder als Zeit des Elends und des Kummers dargestellt. Aber durch ein Ereignis bekommt das ägyptische Selbstbewusstsein erneut einen Knick. Im Laufe der Zeit wandern aus Palästina die Hyksos (="Herrscher der Fremdländer") ein, und Ägypten, das sich anderen gegenüber immer so überlegen fühlte, erlebt (im nördlichen Landesteil) eine Zeit der Fremdherrschaft. Außerdem konnte man von den in der offiziellen Lehre als dumm und hinterhältig geltenden Ausländern ein Menge lernen. Die Hyksos brachten die strategischen Eroberungswaffen nach Ägypten, den Streitwagen, das Krummschwert sowie die dazugehörige

Kampftaktik. Dass die Vorderasiaten nicht die einzigen waren, die sich in dieser Zeit in Ägypten häuslich niederließen, zeigen die Grabungsergebnisse des im Nildelta gelegenen Tell ed-Dab´a: In den Resten einer Befestigungsanlage fanden sich Darstellungen von Tierspringern und Akrobaten, die große Ähnlichkeiten zu den Darstellungen im Minoischen Palast von Knossos auf der Insel Kreta haben.

Wie das Reich erneut geeint wurde, das können wir nur der offiziellen Berichterstattung entnehmen: Wieder einmal gelang es einer Familie aus dem oberägyptischen Theben unter Führung des Senachtenre Tao I., die ägyptischen Kräfte zu bündeln. Alles weitere erfahren wir nur aus einer Legende. Im Papyrus Sallier I ist von einer Beschwerde des Hyksoskönigs Apophis gegen den ihm tributpflichtigen Thebaner Senachtenre Tao I. die Rede. Die Nilpferde in einem See der Thebaner würden angeblich einen solchen Lärm machen, dass Apophis nachts nicht schlafen könne. Auch damals war in der hohen Politik offenbar kein Vorwand zu fadenscheinig, um ein Land zu erobern. Genausogut kann es aber auch sein, dass es sich bei dem Nilpferdgebrülle um eine politische Anspielung handelt, die wir aber nicht verstehen, da wir keine Details kennen.[19]

Alles in allem handelte es sich um eine turbulente Zeit mit erbitterten Kämpfen, die fast der gesamten Familie Tao das Leben kostete. Denn Seqenenre Tao II. (der Nachfolger Senachtenre Taos I.) wurde unter unbekannten Umständen regelrecht niedergemetzelt. Sein Sohn und Nachfolger, Kamose, starb recht früh nach erbitterten Kämpfen im Delta und in Nubien, vielleicht auch im Kampf. Erst Kamoses Bruder Ahmose gelang es, die Hyksos endgültig zu besiegen und Ägypten wieder zu vereinen.

Während die Herren der Schöpfung sich mit Hyksos, Nubiern und Ortskönigen rumschlugen, gab es eine Frau, die alle Fäden zusammenhielt: Ahhotep. Nach dem frühen Tod ihres Sohnes Kamose übernahm sie die Regierungsgeschäfte, bis Ahmose alt genug war. Ihre zentrale Rolle als Grande Dame der Wiedervereinigung können wir nur erahnen: In ihrer Grabausstattung fanden sich Prunkwaffen und die höchste militärische Auszeichnung, die in Ägypten verliehen wurde.

Das Neue Reich: Das Imperium schlägt zurück

Diese Zeit ist am besten dokumentiert, und so sind wir auch für das Neue Reich zu einer echten Geschichtsschreibung in der Lage, die sich auf historische Ereignisse bezieht und nicht, wie zum Beispiel im Falle Cheops, auf Legenden späterer Jahrhunderte und reine Baudenkmäler.

Nach dem Sieg über die Hyksos und der Rückeroberung der nubischen Gebiete ist die Lage Ägyptens am Rande des damaligen Weltgeschehens endgültig vorbei. Die Rohstoffvorkommen in Nubien werden immer wichtiger und führen zum Aufbau eines eigenen Verwaltungsapparates.[20] In Palästina entstehen wichtige Handelsstützpunkte, in denen zum Teil ständig ägyptische Militärpräsenz erforderlich war. Hatte man zwar im Süden die „elenden Nubier" im eisernen Griff, so war Ägypten in Vorderasien gezwungen, sich mit mächtigen Staaten wie Mitanni und Hatti (= die Hethiter) zum Teil gütlich zu einigen. Ägypten war im Neuen Reich auf Gedeih und Verderb zum Global Player geworden, der sich nicht einfach in sein Schneckenhaus zurückziehen konnte, wenn ihm der Boden in Palästina zu heiß wurde.
Als dann durch die politischen und geistigen Neuerungen der Amarnazeit die Machtposition Ägyptens in Vorderasien und Nubien, und damit seine ganze Wirtschaftsstruktur, extrem gefährdet wurde, stürzte das Land erneut in eine Krise. Dies bedeutete zwar nicht gleich den Untergang der pharaonischen Zentralgewalt, aber zumindest das Ende der 18. Dynastie. Die folgende 19. Dynastie, begründet von erfolgreichen Heerführern wie Ramses I. und Sethos I., baut erneut die Vormachtstellung Ägyptens in Vorderasien aus. Doch bleibt von den Anfangserfolgen der neuen Herrscherfamilie nach einigen Herrschergenerationen nur noch der ruhmreiche Name „Ramses" über, den sage und schreibe 12 Herrscher führen.

Zwar schließen sich hieran noch die 20. und 21. Dynastie an, und auch eine dritte Zwischenzeit „findet" sich noch mit nachfolgender Spätzeit, doch möchte ich mich der Übersichtlichkeit halber auf die Epochen beschränken, die der heutigen Öffentlichkeit zumindest in Ansätzen geläufig sind.

Einige Herrscher im Neuen Reich

Thutmosis I. der Eroberer

Hatten seine Vorgänger Ahmose und Amenophis I. genügend
damit zu tun, die Grundstrukturen des Landes zu schaffen und zu
festigen, so konnte Thutmosis I. zu neuen Ufern aufbrechen. Unter ihm drangen ägyptische Soldaten so weit wie noch nie in die
angrenzenden Länder vor. Im Süden erreicht er mit seinen Truppen in Kurgus den 5. Katarakt und besetzt Nubien dauerhaft bis
zum 3. Katarakt. Im Norden überschreitet er sogar den Euphrat an
der Grenze zum heutigen Syrien. Um in Zukunft auch schneller in
Vorderasien eingreifen zu können, verlegt er die Militärbasis des
Landes von Theben wieder nach Norden in die Hauptstadt des
Alten Reiches: Memphis. Damit setzt er eine Entwicklung in Gang,
in der sich im Laufe der Zeit eine Teilung der Machtbasis vollzieht.
Bleibt Theben dem Namen nach Hauptstadt des Landes mit seinen
großen Reichstempeln und Palästen, so liegt die eigentliche militärische Macht im Laufe des Neuen Reiches vornehmlich in den
Garnisonen um Memphis.

Hatschepsut die Verwalterin

Unter Hatschepsut, der Tochter Thutmosis´I., wird eine neue
Phase der Stabilisierung für das Reich eingeleitet. Über diese Herrscherin wurde viel - und besonders viel Unsinn - geschrieben. Die
Beschreibungen decken hier das ganze Spektrum ab von einer
männermordenden *Femme Fatale* bis hin zu einer hoffnungslos
romantischen, pazifistischen Herrscherin, die endlich dem Königsthron die „dringend notwendige" weibliche Note verleiht. Hinzu
kommen noch die unzähligen Vermutungen, die sich um ihr Verhältnis zu (oder sogar mit?)ihrem Vermögensverwalter Senenmut
ranken. Auch hier gibt es die ganze Palette von Klatsch und
Tratsch, wie sie in jedem Groschenroman zu finden ist.

Objektiv betrachtet war Hatschepsut eine ganz normale Herrscherin, die dem Land die nach den zahlreichen Feldzügen ihres Vaters
dringend notwendige Atempause verschaffte. Und ganz so friedlich, wie manche Romantiker sie gerne hätten, war sie auch nicht.
Einige Inschriftenbruchstücke lassen auf einen, vielleicht sogar
zwei kleinere Feldzüge nach Nubien schließen. Außerdem muss sie
ganz aktiv am Ausbau der Armee beteiligt gewesen sein. Sonst
wäre es ihrem Nachfolger (Thutmosis III. der Schlächter) gar nicht
möglich gewesen, kurz nach seinem Regierungsantritt einen groß
angelegten Asienfeldzug zu starten.

Klar ist aber auch, dass sich Hatschepsut durch ihre Günstlings-
wirtschaft vielleicht einige Feinde gemacht hatte: Ihr Name wurde
nach ihrem Tod in Inschriften getilgt und ihre Statuen zerstört.

Thutmosis III. der Schlächter

Diesem kommt in der dramatischen Version der Zeit um Hatschepsut die Rolle des armen, um sein Thronerbe gebrachten Neffen zu: Thutmosis III. ist Sohn von Thutmosis II., dem Nachfolger
Thutmosis`I. (dem Eroberer). Thutmosis II., Ehemann und Halb-
bruder Hatschepsuts, lebte nur kurz, hatte aber ein Kind mit einer
Nebenfrau: Für den noch kindlichen Thutmosis III. (den Schlächter) übernahm Hatschepsut, wie es damals üblich war, die Regentschaft und sorgte bei ihm für die übliche (militärische) Ausbildung
eines Königs. Nach einigen Jahren bestieg Hatschepsut dann selbst
offiziell den Thron. Erst nach dem Tod Hatschepsuts tritt Thutmosis III. die Nachfolge seines Vaters an. Für Generationen von
Ägyptologen war der Fall klar: Die alte Schachtel hatte bei der
Regentschaft für ihren Neffen Blut geleckt, sich den Thron unter
den Nagel gerissen und mit ihrem Lover Senenmut auf den Putz
gehauen. Der arme Thutmosis III. jedoch saß frustriert in seinem
Kämmerlein und sehnte sich nach dem Zeitpunkt, an dem die Alte
endlich ins Gras biss. So war lange, wenn auch etwas wissenschaft-
licher formuliert, die herrschende Meinung der Ägyptologie. Diese
bestand natürlich hauptsächlich aus traditionellen Männern, für die
generell eine Frau, die Karriere macht, schon etwas Befremdliches
an sich hat. Und wieder einmal haben wir hier ein schönes Beispiel,
wie wir an fremde Kulturen unsere Wertmaßstäbe anlegen und uns
so der Zugang zu den eigentlichen Vorgängen verborgen bleibt.

Doch genug von angeblich machtbesessenen Frauen und frustrier-
ten Thronanwärtern. Auf jeden Fall war Ägypten nach der Ruhe-
pause durch Hatschepsut bereit für neue Eroberungsfeldzüge.
Thutmosis III. überzieht fast 20 Jahre lang ganz Vorderasien mit
Krieg und macht die Stadtfürsten Syriens und Palästinas zu tributpflichtigen Vasallen Ägyptens. Zur Feier seiner erfolgreichen Feldzüge ließ er an den Wänden des Reichstempels von Karnak
Kriegsdarstellungen und sein „Kriegstagebuch", die so genannten
Annalen, anbringen. Was aus der Sicht eines romantisch ange-
hauchten, Tagesschau-erprobten Mitteleuropäers vielleicht nach
Ruhmestaten aussieht, entpuppt sich bei näherem Hinsehen als
endlose Reihe von Beutelisten, Verschleppungen und Unterdrü-

ckungen. Die eroberten Fürsten wurden hingerichtet und z.T. vor der Stadt öffentlich ausgestellt, ihre Familien inhaftiert und die ältesten Söhne nach Ägypten gebracht und auf die neue politische Linie eingeschworen. In manchen Fällen wurde sogar das Salz (das sich im Lager des Besiegten befand) unter die Äcker gepflügt und so das Land auf Jahre unfruchtbar gemacht. Die Erniedrigung war doppelt: Das mühevoll gewonnene, kostbare Salz war vernichtet und die nächsten Hungersnöte durch die unfruchtbaren Äcker vorprogrammiert. Von den eigenen Leuten (und auch der Nachwelt?) als großer Eroberer bejubelt, muss er von der besiegten Bevölkerung Palästinas und Syriens als unendliche Plage empfunden worden sein.

Amenophis II. der Kraftmeier

Haben sein Vater Thutmosis III. und die Herrscher vor ihm zäh am Wirtschaftswunder Ägyptens gearbeitet, so beginnt mit Amenophis II. die „Generation der Erben". Er konnte mit seine Nachfolgern immer mehr den Reichtum, den seine Vorgänger geschaffen hatten, in vollen Zügen genießen. Gerne rühmt er sich auf Denksteinen seiner Körperkräfte und seiner Fähigkeiten als Streitwagenlenker. Die benötigte er auch, denn der nordsyrische Staat Mitanni bedrohte ernstlich die ägyptische Vorherrschaft in Syrien. Im Vergleich zu seinem Vater jedoch kann man Amenophis II. schon als eher „häuslich" bezeichnen.

Amenophis der III. der Prächtige

Lassen Sie uns gleich den Vorgänger, Thutmosis IV., übergehen und direkt zu dem Herrscher kommen, der es überhaupt nicht mehr nötig zu haben schien, sich um das Pulverfass Vorderasien zu kümmern. Außenpolitische Konflikte wurden durch Verhandlungen und Heiraten mit fremdländischen Fürstentöchtern gelöst. Aus aller Welt kamen Reichtümer in das Land. Die Wirtschaft boomte. Amenophis konnte sich gemeinsam mit seiner Gemahlin Teje ganz auf große Bauprojekte und auf das Goldausgeben konzentrieren. Zu seiner Zeit lässt sich ein Wandel religiöser Vorstellungen erkennen, der den Herrscher immer stärker als Mittler zwischen Gott und dem Volk sieht. Ohne sich jetzt in hoffnungslose geistesgeschichtliche Diskussionen und Ausführungen versteigen zu müssen, bleibt doch eines offenbar. Bereits unter Amenophis III. entstehen geistige Strömungen, die sein Nachfolger Amemophis IV. weiterführt, und, wenn man so will, auf die Spitze treibt.

Amenophis der IV. der Umdenker

Auch dieser gehörte zur „Generation der Erben". Und gerade
Amenophis IV., der sich später Echnaton nannte, ist wieder so
eine Figur, die die ganze Skala der Klatschkolumnisten auf den
Plan ruft: Liebe, religiöser Fanatismus, Tragödien, Morde, politische Krisen. Sicher, die Beleglage ist an den entscheidenden Stellen
ziemlich dünn. Lassen Sie uns dennoch versuchen, so nah wie
möglich an den Fakten zu bleiben.

Amenophis IV. stellte sich und seine Familie als einziges Bindeglied zur Gottheit dar. Während in früherer Zeit jeder seinen
„Lieblingsgott" hatte, dem er sein ganzes Elend, seine ganzen
Hoffnungen und Wünsche anvertrauen konnte, gab es, durch
königlichen Erlass, nur noch einen Gott: Aton. So radikal der
Schritt Amenophis IV. auch erscheinen mag, er hatte seine Vorgeschichte bei seinen Vorgängern. Dennoch: Mit diesem Schritt und
seiner eigenen Umbenennung zu Echnaton (= dem Aton wohlgefällig) zerstörte er nahezu alles, was den erzkonservativen Ägyptern
lieb und teuer war:

- einen Gott, den man sich nach Belieben aussuchen konnte
- die Möglichkeit, den Gott durch Opfergaben gnädig zu
stimmen
- geordnete klare Verwaltungsstrukturen

Die religiöse Revolution des Echnaton hat auch weitreichende
wirtschaftliche Folgen. Die alten Beamten, die auf den neuen Zug
nicht aufsprangen, verloren wahrscheinlich alles - ihren Beruf, ihr
Einkommen und ihre gesellschaftliche Stellung. Andere wiederum
machten, quasi aus dem Nichts heraus, eine steile Karriere. Es
wurden ja dringend neue Leute benötigt. Die Tempel, sonst mächtige Wirtschaftszentren, verloren ihre Macht. Denn es gab nur
noch einen Gott, und der wurde in seinen eigenen Tempeln verehrt.

Etwa fünf Jahre nach seinem Regierungsantritt zog Echnaton in
seine neu errichtete Hauptstadt Achet-Aton. Auf absolutem Nie-
mandsland errichtet, zeigt diese Stadt eindrucksvoll, zu welchen
Leistungen die seit Jahrhunderten eingespielte ägyptische Baulogistik fähig war. Innerhalb kürzester Zeit entsteht eine komplette
Stadt aus Tempeln, Palästen, Villen und Wirtschaftsgebäuden. Auf

Felsinschriften, die die Stadtgrenzen markieren sollen, gelobt Echnaton sogar, er werde diese Stadt niemals wieder verlassen.

All diese radikalen Brüche und Neuanfänge führten wohl dazu, dass die außenpolitischen Belange und Probleme aus dem Blickfeld gerieten. Die Hilferufe vorderasiatischer Fürsten, die von ihren Nachbarn bedroht wurden, wurden zwar brav in der neuen Hauptstadt entgegengenommen und archiviert, das war aber offensichtlich alles. Nach dem Tod Echnatons war das neu von ihm geschaffene System noch nicht gefestigt genug, um dem immer stärker werdenden außen- und innenpolitischen Druck standzuhalten.

Das gesamte Staatssystem musste dringend stabilisiert werden, die ägyptische Wirtschaft war mittlerweile zu abhängig geworden von den nubischen Rohstoff- und Goldvorkommen und den vorderasiatischen Tributen. Gerade die Libanonzeder war im holzarmen Ägypten ein dringend benötigter Baustoff für Streitwagen und schnelle Schiffe. Die Zukunft eines ganzen Landes stand auf dem Spiel. So müssen zumindest die unter Echnaton entmachteten, ehemals bedeutenden Beamten und Priester gedacht haben. Und sie handelten.

Tutanchamun der Zurückdenker
Mit ihm bestieg ein Herrscher den Thron, der zumindest in einer verwandtschaftlichen Beziehung stand zu seinem Vorgänger Echnaton.[21] Vielleicht ist hierin der Versuch zu sehen, zumindest einen Teil der Gefolgsleute Echnatons mit in das neue alte System zu integrieren. Ursprünglich noch Tutanchaton auf den Thron gekommen, änderte er im Laufe seiner Herrschaft seinen Namen in Tutanchamun, verlegte das Machtzentrum nach Memphis und versuchte die Welt insgesamt so wieder herzustellen, wie sie vor Echnaton einmal war. In den wenigen erhaltenen Denkmälern finden sich viele Versuche, an die Zeit Amenophis´ III. anzuknüpfen. Es ist nicht nachweisbar, wie aktiv die Rolle Tutanchamuns beim Wiederherstellen der alten Strukturen war. Gerne wird in ihm nur eine Marionette gesehen, deren Fäden von ganz anderen gezogen wurden. Aber das ist an Quellen nicht belegbar. Jedenfalls lebte er nicht lange (schwere Verletzungen am Kopf der Mumie sprechen vielleicht sogar für eine Ermordung).[22] Sein Nachfolger Eje, ein alter General, festigt die wiedergewonnene Ordnung.

Haremhab der Weiterdenker

Er stellt die neue Generation von Herrschern dar. Selbst durch und durch General, war er bereits zu Lebzeiten Tutanchamuns Oberbefehlshaber der ägyptischen Armee. Er belässt die Königsresidenz im Norden, im strategisch günstigeren Memphis. Theben ist nur noch „Kulturhaupstadt" und religiöses Zentrum Ägyptens. Haremhab gelingt es endgültig, das aus den Fugen geratene Staatssystem zu festigen und die äußeren Bedrohungen (mit etwas Glück) abzuwenden. Von der Ägyptologie noch zur 18. Dynastie gerechnet[23], sehen die ägyptischen Quellen Haremhab enger verbunden mit den Soldatenkönigen der 19. Dynastie, den Ramessiden.

Ramses II. der Große (Schwätzer)

Mit seinem Großvater, dem General Ramses I., beginnt die neue, die 19. Dynastie. Während Sethos I., Vater Ramses´ II., noch große militärische Erfolge und die Rückeroberung einiger Fürstentümer in Vorderasien zu verzeichnen hat, hat Ramses II. militärisch gesehen nicht gerade eine glückliche Hand. Im 5. Regierungsjahr entkommt er bei Quadesch nur durch seinen persönlichen Mut einer vernichtenden Niederlage gegen die Hethiter. Lediglich innere Schwierigkeiten der Hethiter, zusammen mit Konflikten mit dem stärker werdenden Assyrien, bewahren Ägypten vor weitreichenden Gebietseinbußen in Palästina. Im Jahr 20 gelingt es Ramses dann, einen Friedensvertrag mit den Hethitern zu schließen, die durch das Vordringen der Assyrer immer mehr unter Druck geraten sind. Einige Jahre später wird das Bündnis durch die Heirat mit einer hethitischen Prinzessin bekräftigt.

Hatte Ramses II. zwar militärisch nicht gerade viel vorzuweisen, so war er ein Meister der Propaganda: Die Kadeschschlacht, die Schlacht, die ihn beinahe das Leben gekostet hätte, „vermarktete" er zu einem Riesentriumph. Fast in allen bedeutenden Tempeln des Landes, bis nach Nubien hinein, finden sich Darstellungen oder Inschriften zu dieser Schlacht. War sie zwar im wahrsten Sinne des Wortes nicht kriegsentscheidend, so muss sie für Ramses II. vielleicht eine so starke persönliche Erfahrung gewesen sein, dass es einer Vielzahl von Steinmetzen bedurfte, um diese zu verarbeiten. „Der Große" war ein Beiname, den die Ägyptologie ihm verlieh, bevor klar war, dass sich seine Größe mehr auf seine Inschriften als auf seine Taten bezieht.

Mit Schlachtendarstellungen begründet Ramses II. eine Art Mode auch bei seinen Nachfolgern. Häufig stellen wir bei diesen Darstellungen dann fest, dass diese Schlacht nie stattgefunden hat. Vielen Schlachtendarstellungen von Nachfolgern Ramses II. waren rein fiktiv: man gab sich eben gern recht kriegerisch.

Ramses II. ist der letzte in der heutigen Öffentlichkeit bekannte Herrscher des neuen Reiches. Nach ihm kamen noch viele andere mit gleichem Namen. Nach ihm passierte noch vieles, aber wenig von dem, was allgemein mit der altägyptischen Kultur verbunden wird. Es würde an dieser Stelle viel zu weit führen, die nachfolgende politische und Geistesgeschichte der „ausklingenden" ägyptischen Hochkultur zu beschreiben.

Wir wollen hier daher unseren Schnelldurchgang durch die Ahnengalerie der Pharaonen beenden. Natürlich ohne Anspruch auf Vollständigkeit, allein mit dem Bestreben, dem blassen Bild, das Sie von dem einen oder anderen Herrscher bereits hatten, etwas mehr Farbe zu verleihen.

Schicht im Schacht?:
Funktionen des ägyptischen Grabes

Wenn man einmal genauer betrachtet, was in den Museen an altägyptischen Hinterlassenschaften herumsteht, so stammt fast alles
aus Gräbern. Hat diese Kultur eigentlich gar nicht gelebt oder
handelt es sich einfach um ein Völkchen von Nekrophilen? Nicht
ganz – aber vielleicht kommen wir der Wahrheit näher, wenn wir
berücksichtigen, dass man sich am häufigsten mit den Dingen
auseinandersetzt, vor denen man die größte Angst hat. Handelt es
sich bei dem Aufwand, den die Ägypter, um Jenseits und Bestattung trieben, nicht eher um eine groß angelegte Bewältigung von
Ängsten?

Eins steht zumindest fest: von den dekorierten Grabwänden, die
uns erhalten sind, spricht das pralle Leben. So möchte ich den
ägyptischen Umgang mit Tod und Bestattung eher als eine Ma-
schinerie sehen, alles, was einem im Diesseits lieb und teuer war,
auch in das Jenseits mitzunehmen: Statussymbole, Luxus, Ämter
und Würden und natürlich Wein, Weib und Gesang.
So stellte man sich das Jenseits als eine Fortsetzung des diesseitigen
Lebens vor - zumindest genauso, wenn nicht womöglich besser.
Das volle Leben eben - nur mit einem großen Vorteil: Heil im
Jenseits angekommen, brauchte man keine Angst mehr vor dem
Tod zu haben.
Wir neigen immer leicht dazu, alles Religiöse und Spirituelle zu
verklären. Für die Ägypter jedoch waren Vorstellungen wie Leben
nach dem Tod, moralische Prüfungen im Jenseits oder bedrohliche
Götter eher ein praktisches Problem; und praktisch ging man da-
mit um.

Ein Beispiel: Beim Totengericht, der letzten Instanz vor dem Ein-
tritt in das Jenseits, wurde das richtige moralische Verhalten im
Leben des Verstorbenen beleuchtet. Fiel er durch, so drohte ihm
der ewige Tod. Also wie es sich gehört – nur die Guten kommen in
den Himmel? Zu früh gefreut, damals wie heute sind die Wohlha-
bendsten nicht immer auch die größten Unschuldsengel. Aber für
das entsprechende Kleingeld konnte man sich mit Zauberformeln
versorgen, die einen trotz des einen oder anderen moralischen
Fehltritts schnurstracks in die „Gefilde der Seligen" beförderten.

Und genauso, wie in unserem Beispiel beschrieben, gingen die Ägypter mit allem um: Für jede religiöse Vorstellung, jedes Problem gab es eine praktische Lösung: eine Statue, ein Amulett, eine Schriftrolle mit einer magischen Beschwörung, und, und, und ... Es folgt nun eine Beschreibung der religiösen Fragestellungen, die die Ägypter bewegten, und die einzelnen Grabbestandteile stellen die Lösungen dieser Fragestellungen dar.

Versorgung: Wovon leben Tote?

Fangen wir mit den Grundbedürfnissen an, denn die Ägypter wussten bereits vor Brecht, dass erst das Fressen und dann die Moral kommt. So finden wir in einem ägyptischen Grab über die Jahrtausende hinweg fast immer die gleichen Grundelemente. Als lebensnotwendigste Einrichtung gibt es, praktisch wie die Ägypter sind, unterschiedliche Absicherungen, damit der Verstorbene im Jenseits nicht verhungern musste. Getreu nach dem Motto, wenn das eine nicht klappt, dann bestimmt das andere.

Die einfachste Variante der Versorgung sind Beigaben von echten Lebensmitteln. Grundnahrungsmittel waren Brot und Bier. Fest verschlossen in Tonkrügen wurden sie, wenn Geldbeutel und Platz es zuließen, zu Hunderten mitgegeben. Darüber hinaus gab es dann, auch wieder je nach Geldbeutel, Beigaben, die richtig Spaß machten: Wein, Musikinstrumente, Salben, Schminken, Öle, Kleidung und alles, was das Herz begehrt.

Mitunter fand man sogar in Gräbern kleine, wenig ansehnliche, tönerne Frauenfiguren, die nach einiger Forschungsarbeit als „Konkubinen" für den Toten „entlarvt" werden konnten. Wir hoffen, für den Verstorbenen, dass er in der Lage war, diese Damen durch Magie noch etwas zu verschönern, ansonsten kann ich mir die Beziehung zu einem frauenförmigen Tonklumpen ohne Kopf, Hände und Füße nicht besonders angenehm vorstellen. Diese kleine Begebenheit am Rande macht aber über ihren chauvinistischen Beigeschmack hinaus auch einen weiteren Wesenszug der ägyptischen Mentalität deutlich: Es ist nicht so wichtig, dass die Dinge immer ästhetisch und praktisch nutzbar waren, sondern dass sie überhaupt vorhanden waren.

Den Rest konnte (im Jenseits) der richtige Zauberspruch erledigen. Ein weiteres Beispiel dafür sind die **Sch**einopfer**sch**älchen, von einer früheren Kollegin auch liebevoll SchOSchis genannt. Sie fanden sich zu Tausenden in einem Pyramidentempel: kleine Schälchen, gerade einmal 3 bis 4 cm im Durchmesser, die die gleiche Form hatten wie die großen, echten benutzbaren Opferschalen von über 30 cm Durchmesser. Auch hier war es nicht wichtig, dass unsere SchOSchis nicht sehr funktionstüchtig waren, passte in sie doch nur mal gerade ein Brotkrümel hinein. Wichtig war, dass sie überhaupt da waren. Allein dadurch sicherten sie wirksam die Ernährung des Toten. Wenn Sie aufmerksam durch die ägyptischen Sammlungen gehen, werden Sie viele solcher Miniaturen entdecken, von Gefäßen über Möbel bis hin zu Werkzeugen. Natürlich hatten diese Doubles auch einen praktischen Nutzen: Selbst der weniger Wohlhabende konnte sich diese Miniaturgrabausstattung leisten, die in der Originalgröße für ihn unerschwinglich war. Imitationen gingen manchmal noch weiter: So manches Tongefäß und so manche Holzstatue erhielt eine Bemalung, die kostbare Materialien wie Stein, Einlegearbeiten, etc. nachahmen sollte. Im Jenseits wurde diese Imitation dann, so die ägyptische Vorstellung, mittels Magie in die echten Materialien umgewandelt.

Opferlisten

Eine noch „kostengünstigere" Variante finden wir mit den so genannten Opferlisten.[24] Sie sind eine Art Inventarbuch, in dem dargestellt wurde, welche Beigaben das Grab beinhaltete oder beinhalten sollte. Denn selbst wenn sich nicht ein einziger Krug Bier mehr im Grab befand und nicht das kleinste Krümelchen Brot, so musste der Tote dennoch nicht verdursten und verhungern. Denn die Opferliste enthielt die Opfergaben, die man „zum Leben" brauchte. Sie waren also im magischen Sinne immer noch vorhanden und konnten den Verstorbenen ernähren. Wir erfahren durch die Opferlisten, welche Gegenstände und Lebensmittel für die Grabausstattung erforderlich waren. Denn komplette Grabinventare aus dieser Zeit haben sich kaum erhalten.

Gabenbringer und „Alltagsszenen"

Eine andere Umsetzung des Themas Auflistung von Grabbeigaben sind die so genannten Gabenbringer und Alltagsszenen. Hier wird der Alltag nur auf die Erzeugung und den Transport von Lebensmitteln und Waren (für das Grab des Verstorbenen) reduziert. Überspitzt formuliert stellt die ägyptische Grabdekoration nichts anderes dar als eine Mischung aus überdimensionaler Speisekarte und Warenlager für die magische Versorgung des Toten im Jenseits.

Das bedeutet aber auch, dass bei den „Alltagsszenen" eigentlich nicht der vollständige ägyptische Alltag dargestellt ist, ansonsten könnte man schnell annehmen, dass die Ägypter immer nur an das eine dachten – an´s Essen.

Kontakt mit dem Verstorbenen:
„Nachricht von Sam?"
Ein weiteres praktisches Problem für die Ägypter war die Vorstellung, dass der Verstorbene nach seinem Ableben zurückkehren konnte, um Nahrung zu sich zu nehmen und vielleicht sogar als „aach", als Verklärter oder Geist, seine lieben Hinterbliebenen zu schützen oder, je nach Betragen, auch zu ärgern.

Aber wie soll das gehen, wenn der Leichnam z.B. in einem 30 m tiefen Schacht liegt und der Zugang (aus Sicherheitsgründen) vermauert ist? Die Lösung war ganz einfach und findet sich als Standard der Grabarchitektur über die Jahrtausende der ägyptischen Kulturentwicklung in jedem Grab: Der Tote erhält eine eigene Tür - die Scheintür. Nach dem Vorbild der hölzernen Türen echter ägyptischer Wohnhäuser gestaltet, waren die Scheintüren aus Stein oder auf die Grabwand aufgemalt. In dem Bereich, wo sich bei der richtigen Tür ein Oberlicht befindet, war der Grabherr dargestellt. Natürlich am Opfertisch und natürlich beim Essen. Hier konnte er, nachdem er (in Gestalt eines Vogels) den Grabschacht emporgestiegen war, hinaustreten, um - vielleicht können Sie es jetzt schon erraten – genau, um etwas zu essen und zu trinken. Denn direkt vor der Scheintür befand sich eine Opferplatte, auf der die Angehörigen das „täglich Brot" (und Bier) für den Verstorbenen niederlegen sollten. Und da man ja seine Pappenheimer kannte, wurden die Angehörigen auch auf der Scheintür dargestellt, damit sie wenigstens magisch anwesend waren, falls sie keine Lust hatten, jeden Tag zum Grab zu gehen. Vielleicht waren sie sogar froh, dass der „Alte endlich hinüber" war. Damit auch wirklich gar nichts schief gehen konnte, wurden dann auf der Opfertafel selbst noch einmal die Opfergaben dargestellt, die dort niedergelegt werden sollten. Doch über das Essen hinaus war die Scheintür auch der zentrale Ort, an dem der Tote und seine Hinterbliebenen in Kontakt treten konnten. Deshalb befindet sich die Scheintür immer im zugänglichen Bereich des Grabes oder, war es nicht zugänglich, an der Außenwand. Hierher kamen die Angehörigen um zu opfern und zu trauern, für eine stille Zwiesprache oder mit dem konkreten Wunsch an den Verstorbenen, den Lebenden beizustehen. Die „Briefe an die Toten" geben einen schönen Einblick in die Alltagsnöte vor über 3000 Jahren und in Probleme, mit denen wir heute auch noch zu kämpfen haben: Beispielsweise bat ein Witwer seine verstorbene Ehefrau darum, dafür zu sorgen, dass die erkrankte Magd wieder gesund werde, damit zu Hause nicht alles drunter und drüber gehe. Diese auf Tonschalen geschriebenen Briefe wurden in der Nähe der Scheintür eines Grabes, vermutlich im Rahmen eines uns nicht überlieferten Rituals, niedergelegt. Dort fanden sie auch die Archäologen. Für die erfolgreiche Hilfeleistung versprach man dem Toten ein paar Leckerbissen als Opfergaben oder drohte, ihm seine Opfergaben zu entziehen. Es geht also schon wieder (anscheinend) nur ums Essen.

Schutz des Körpers: „Ich will so bleiben, wie ich bin ..."

Gab es die Vorstellung, der Tote müsse auch im Jenseits essen, so ergab sich ein neues praktisches Problem: Wie sollte er essen? Die Lösung: mit seinem alten Körper. Von Zeit zu Zeit sollte der Verstorbene also in seinen alten Körper zurückkehren, um sich zu erholen und – natürlich - um zu essen. Der Körper des Toten war somit für ihn „lebenswichtig". Er musste erhalten, vom Verfall bewahrt und beschützt werden. Hier liegt der eigentliche Sinn für die Mumifizierung und den großen Aufwand, den die Ägypter auch um den Schutz des Grabes betrieben.

Schon zu Beginn der ägyptischen Geschichte und bis zu ihrem Ende war es wesentlich, ein Grab so zu bauen, dass der Tote und seine Grabbeigaben dort geschützt waren. Die Grabformen änderten sich, gleich blieb jedoch die Grundstruktur: ein zugänglicher Bereich für „Verwandtenbesuche" und ein verschlossener Bereich, häufig ein tiefer Schacht mit einer in den Felsen gehauenen Grabkammer, in dem sich der Tote befand. Die Sicherungsmechanismen waren je nach Geldbeutel unterschiedlich aufwändig. Denn der Grabraub war schon in alter Zeit ein echtes Problem. Es musste ja nicht immer gleich etwas aus dem Grabschatz des Königs sein, aber wer kümmerte sich denn noch um die Adligengräber, die auf jahrhundertealten unbewachten Friedhöfen lagen und schnell mal eine Finanzlücke in der Familienkasse ausgleichen konnten? Ein besonders schwerer Fall von organisiertem Verbrechen und Grabraub ist uns sogar als Prozessakte aus dem Neuen Reich überliefert. Das Ganze hat nur den bitteren Nachgeschmack, dass der beschuldigte Drahtzieher, ein hoher Würdenträger, sich auch Jahre nach der Anklage noch bester Gesundheit erfreute, vom Kläger aber später jegliche Spur fehlte.

Aber schon früh bemühten sich die Ägypter, auch den „lebensnotwendigen" Leichnam zu erhalten. Vielleicht angeregt durch natürliche Mumien, denen, weil sie einfach im Wüstensand lagen, durch die Hitze die Flüssigkeit entzogen worden war, erkannten sie, dass der Körper am besten erhalten wird, wenn man ihn austrocknet. Nach und nach entwickelte sich eine sehr verfeinerte Technik der Mumifizierung, die natürlich von fortwährenden Beschwörungen und Ritualen begleitet wurde. Der Leichnam wurde mit Natronsalz belegt. Die Organe wurden entnommen und ebenso behandelt. Einzig das Herz, als Sitz des Verstandes, legten die Einbalsamierer wieder in den Körper zurück.

Das Ganze hatte nur einen entscheidenden Schönheitsfehler. Wird dem Körper so massiv Wasser entzogen, bleibt eine Haut zurück, bei der sich im Vergleich selbst Elefantenhaut noch zart und sanft anfühlt. Was also tun? Heutzutage würde man liften. So auch im alten Ägypten - ein Schnitt in die Wangenpartie, etwas Füllmaterial (Binden und Tücher) einschieben, die (durch die Gehirnentnahme) ramponierte Nase wieder richten, vielleicht noch etwas nachmodellieren, und schon sieht der Tote wieder halbwegs schick aus. Denn wer will schon im Jenseits mit einer Lederhaut herumlaufen? Anschließend wurde der Tote unter Zugabe von schützenden Amuletten bandagiert und in seinen Sarg gelegt. Die Sargformen waren, je nach Zeit, unterschiedlich. In einer Phase der ägyptischen Geschichte (Mittleres Reich), handelte es sich um rechteckige Kisten, an deren einer Seite natürlich Augen aufgemalt waren. So konnte der Tote hinausschauen – wiederum sehr praktisch gedacht.

Lassen Sie uns noch einem Moment verweilen bei den Leuten, die die eigentliche Arbeit machen mussten, – den Einbalsamierern. Wie Sie sich denken können, handelt es sich bei den beschriebenen Vorgängen angesichts hoher Außentemperaturen platt gesagt um eine ziemliche Schweinerei, die nicht geruchsneutral ablief ... So handelte es sich auch bei den Einbalsamierern offensichtlich um

Leute, die man zwar brauchte, mit denen man sich aber nicht abgab. Es erstaunt, dass wir praktisch kaum echte Zeugnisse über einen Berufstand haben, der eigentlich bei dem enormen Aufwand, den die Ägypter um ihre Toten getrieben haben, eine große Bedeutung gehabt haben muss.

Uschebtis: Butler für das Jenseits

So, das Wichtigste wäre jetzt erledigt. Der Leichnam ist gut mumifiziert, das Grab ausgehoben und die Wände mit der „Speisekarte" dekoriert, die Grabbeigaben stehen bereit. Eigentlich kann es „losgehen". Oder? Aber wer macht eigentlich die ganze Arbeit im Jenseits? Soll etwa der Herr über mehrere Dörfer und Hunderte von Menschen selbst die Hacke schwingen und das Feld pflügen – und das bei seinem Übergewicht? Keine Angst, auch dafür fanden die Ägypter bald Abhilfe:

Kleine mumienförmige Dienerfiguren, Uschebtis[25] genannt, sollten antworten (denn Uschebti heißt wortwörtlich Antworter) „hier bin ich", wenn ihr verstorbener Herr im Jenseits arbeiten sollte. Häufig bereits mit einer Feldhacke ausgestattet, arbeiteten sie für den Verstorbenen. Damit sie das auch nicht vergaßen und statt eines „Kollege kommt gleich" sich tatsächlich zur Arbeit meldeten, stand auf den meisten Uschebtis zur Sicherheit auch noch der Uschebtispruch: Da war dann noch einmal schriftlich fixiert, was sie zu tun hatten. Man kann sich eben (wie heute auch) gar nicht genug absichern, wenn es darum geht, dass andere für einen die Arbeit machen sollen. Die Anzahl der beigegebenen Uschebtis schwankt, liegt aber meist (soweit der Geldbeutel es zuließ) um 400 Figuren. 365 für jeden Tag im Jahr zuzüglich „Aufseher" und Oberaufseher, falls sich doch einmal einer vor der Arbeit drücken möchte.[26]

Für das leibliche Wohl unseres Toten wäre nun gesorgt und so kann er, ausgestattet mit allem, was er sich auch zu Lebzeiten leisten konnte, in Frieden ruhen.

Götterdomino: ein Crash-Kurs in ägyptischer Religion

Oft führt der Schlüssel zu einer Kultur über deren Religion. Denn hier werden die Sorgen und Ängste, aber auch Hoffnungen und Sehnsüchte deutlich, die die Menschen ausmachen oder ausmachten. Leider ist der Schlüssel zur ägyptischen Kultur ziemlich verbogen. Auf deutsch: Beim genaueren Hinsehen stellen wir ein (scheinbares) Chaos an Machtbereichen, Zuständigkeiten und Verwandtschaftsbeziehungen der ägyptischen Götter fest, das uns alles andere als logisch erscheint. Die Buchtitel und das Fachchinesische der Ägyptologen, die sich mit der altägyptischen Religion beschäftigen, klingen auch eher nach neuen Geheimkulten als nach einer Wissenschaft, die eigentlich das Komplizierte einfach erklären sollte. Da gibt es Bücher mit einem Titel wie „Der eine und die Vielen", in dem der Frage nach einem „transzendenten Gott" in der ägyptischen Religionsgeschichte nachgegangen wird. Ein anderes Buch setzt dann (auch wissenschaftlich) mit Phänomenen wie dem „kosmischen Ikonoklasmus der Amarnazeit" neue Maßstäbe. Aber Vorsicht: Auch Bücher mit so harmlosen Titeln wie „Einführung in ägyptische Religion" können zur Folge haben, dass verzweifelte Ägyptologiestudenten des 2. und 3. Semesters sich zusammenrotten, um in Arbeitsgruppen dieses „populärwissenschaftliche Buch" (so die Aussage des Klappentextes) verstehen zu lernen. Wenn Sie sich also jetzt noch nicht durch die „mehrwertige Logik" und die „Sphäre des Seinigen" dieser „vorachsenzeitlichen Kultur" haben abschrecken lassen und nicht angewidert dieses Buch zuschlagen, können Sie wenigstens nicht sagen, ich hätte Sie nicht gewarnt.

Bevor wir aber einsteigen, sollten wir uns klarmachen, dass Religion häufig die Grundfragen eines Volkes beantwortet:
Wer sind wir, woher kommen wir und wer ist eigentlich an diesem ganzen Schlamassel Schuld? Weitere Fragen wie „Gibt es eine Macht über den Menschen?" oder „Gibt es ein Leben nach dem Tod?" schließen sich an.

Noch ehe wir es aber bei Kulturen mit Göttern zu tun haben, lässt sich eine religionsgeschichtliche Vorstufe feststellen, die häufig als Schamanismus bezeichnet wird. Verehrt werden keine Götter, sondern Mächte und Naturgewalten, die in Bergen, Büschen, wilden Tieren und Naturereignissen wohnen können. Dazu gehören Rituale und Symbole, die diese Mächte steuern oder vor ihnen schützen helfen. Das klingt vielleicht naiv; aber seien Sie mal ehrlich: Sind Sie nicht auch froh, dass neben Ihrem Lenkrad eine Christophorus-Plakette klebt, über Ihrer Tür ein Hufeisen hängt und die schwarze Katze neulich Ihren Weg von rechts nach links gekreuzt hat? Diese Traditionen sind sehr hartnäckig und setzen sich über Jahrtausende hinweg fort, in Kulturen hinein, in denen man an einen Gott oder angeblich an gar nichts mehr glaubt. Religion und Mystik sind Grundbedürfnisse - nur schaut sich der zivilisierte Mensch des 21. Jahrhunderts lieber Mystery-Serien im Fernsehen an, lässt nach Feng-Shui-Kriterien sein Schlafzimmer einrichten und fährt zum Rebirthing in die Toskana.

Auch am Anfang der ägyptischen Kultur standen Vorstellungen von Mächten, die in Bergen und Bäumen wohnen, die in Tieren wie Löwen, Schlangen und Geiern stecken. Dieser Glaube schwang auch später, zur Zeit der Pharaonen, immer in der ägyptischen Kultur mit: Zu bestimmten Anlässen trug der Pharao während der etwa dreitausendjährigen Kulturgeschichte immer noch ein Pantherfell, von dem sein Vorfahre aus alter Zeit einst glaubte, dass er sich mit dem Fell auch die Macht des Panthers anziehe. Amulette und Standarten, die auch über die Jahrtausende vorkommen, entpuppen sich nach genauem Hinsehen als Totemzeichen wie Plazenta, geköpfter Schakalbalg oder Ähnliches; etwas, das zu unserer Vorstellung vom zivilisierten Ägypter so gar nicht passen will.

Nun aber Schluss der Vorrede: Jetzt geht es ans Eingemachte: Denn eigentlich kann man die ägyptische Religion am ehesten mit einer Sommerbowle vergleichen, mal erwischt man eine Kirsche, mal eine Ananas, mal eine Erdbeere, aber alles gehört doch zu der gleichen Bowle; viele unterschiedliche Früchte und Formen, aber die Gesamtwirkung ist (abhängig vom Alkoholgehalt) beruhigend.

Denn es gibt nicht, so wie im klassischen Griechenland, eine klare Götterordnung mit Rängen, Zuständigkeiten und geregeltem Familienanschluss. In Ägypten gab es mehrere Götterfamilien, mal ist jener Chef, mal dieser. War z.B. die Göttin Hathor einmal Göttin der Liebe und des Tanzes, war sie an einem anderen Ort „Herrin der Bergspitze", der die Menschen im Handwerkerdorf Deir el Medineh unterhalb ihres Berges Opfer darbrachten. Also mal war

Hathor wie in unserer Sommerbowle eine Kirsche, mal war sie eine Erdbeere. Wie kann das gehen? Die unterschiedlichen Gestalten und Funktionen einer Gottheit wie Hathor ist sogar typisch für die gesamte ägyptische Götterwelt.

Ogottogott: Von den vielen Arten ein Gott zu sein

Der Schlüssel liegt in der Geographie Ägyptens und in der Entstehung des ägyptischen Reiches begründet. In grauer Vorzeit siedelten entlang des Flusstales auf dem Gebiet des Landes, das wir heute Ägypten nennen, unterschiedliche Stämme und vielleicht sogar Kulturen. Zu dieser Zeit verehrten die Völker die Mächte, von denen sie glaubten, sie steckten in den Naturgewalten und Tieren.

Vielleicht aber verehrten sie auch schon einen Gott in der Form eines Geiers oder einer Schlange. Da es viele Stämme gab, gab es auch die unterschiedlichsten Glaubensvorstellungen. Mit dem, was die altägyptische Überlieferung als Reichseinigung durch den legendären König Narmer bezeichnete, entstand dann unsere „Sommerbowle", ein (Götter-)Früchtchen von diesem Stamm, ein (Götter-)Früchtchen, von jener Gruppe. Über die Zeit hinweg wurden aus Göttern, zu denen einst nur ein kleiner Stamm betete, Gottheiten, die in ganz Ägypten verehrt wurden. Damit das ganze noch etwas unverständlicher für uns wird, ist bei unserer Mischung noch eins zu berücksichtigen. Die Götter konnten im Laufe der ägyptischen Geschichte ihre Bedeutung und ihren Wirkungskreis verändern. Z.B. war die geiergestaltige Göttin eines Stammes aus Elkab früher für alle Sorgen und Nöte zuständig. Was passiert aber, wenn sie durch die Reichseinigung in unsere Bowle fällt? Genau, sie wird „umgerührt" und ist auf einmal als die Geiergöttin Nechbet an der Krone des ägyptischen Königs wiederzufinden.

Etwas Ähnliches geschah aber auch in historischer Zeit: Zu Anfang einer Epoche, die als das Mittlere Reich bezeichnet wird, gelingt es einer Familie in der Nähe eines Kuhdorfes namens Waset[27] in Oberägypten, das (wieder einmal) in Bruderkriegen verzettelte Land zu einen und Könige von Ägypten zu werden. Month, ihr Lieblings- und Ortsgott, wohl ähnlich provinziell wie die Familie selbst, wird zum Dank „befördert" und auf einmal Schutzgott des gesamten ägyptischen Reiches. Eine ganze Herrschergeneration verweist mit ihrem Namen auf ihn: Monthu-hotep „Month ist zufrieden" – kann er ja auch sein nach der Karriere. Außerdem hatte er seit dieser Zeit dann im ganzen ägyptischen Reich auch noch einen „Nebenjob" als Kriegsgott inne.

Um überhaupt noch in der „Sommerbowle" durchzublicken, ist der Ägyptologie eine, wie ich finde, recht praktische Unterscheidung nach Götterarten eingefallen:[28]

Ortsgötter

werden an einem bestimmten Ort verehrt. Dort kümmern sie sich um alle Sorgen, Nöte und Hoffnungen ihrer Gläubigen.

„Ressortgötter"

sind meist im ganzen Land verehrte Götter mit einem bestimmten „Beruf": Month war Kriegsgott, Hathor war Göttin der Liebe und des Tanzes, etc.

Reichsgötter

sind Götter, die Karriere gemacht haben, wie Month. Noch ein Beispiel: Einige Jahrhunderte nach der „Beförderung" des Gottes Month gab es mit der Zweiten Zwischenzeit eine erneute Krise, wieder war das Land aufgeteilt. Eine Familie, diesmal direkt aus dem Provinznest Waset (der späteren Reichshauptstadt Theben), gelangte nach erbitterten Kämpfen an die Macht. Ihr Lieblingsgott war nun Amun. Auch er wurde natürlich zum Reichsgott befördert, auch nach ihm nannte sich eine ganze Herrscherfamilie Amenophis oder richtiger Amunhotep - „Amun ist zufrieden".

Tiergötter

Diese Götterart gibt es eigentlich gar nicht. Es gibt nur bestimmte heilige Tiere für bestimmte Götter. Man muss sich diese Tiere ähnlich wie eine Hülle vorstellen, in die die ägyptischen Götter schlüpfen konnten. Wusste man, dass der Gott Month als Falke erscheinen oder Thot, der Gott der Weisheit, die Gestalt eines Pavians annehmen konnte, so stellte sich der Effekt ein: Es wurden alle Paviane und alle Falken verehrt, denn es gab ja die Möglichkeit, dass in einem dieser Tiere gerade ein Gott steckte. Einen ähnlichen Effekt erlebt man heutzutage in manchen Supermärkten, in denen sich Attrappen von Überwachungskameras befinden: Vor lauter Angst erwischt zu werden, wird dort wesentlich weniger gestohlen.

Ägyptische Logik: völlig unlogisch

Das Schlimme an der ägyptischen Logik ist – es gibt sie nicht. Denn, was wir als Logik bezeichnen, wurde erst einige Jahrhunderte nach der Hochblüte der ägyptischen Kultur „erfunden". Das macht das Verständnis dieses Volkes erst recht kompliziert. Pech gehabt. Denn nach der ägyptischen Denkweise ist a + b nicht immer = c - es könnte auch gleich z sein. Der „Sinn des Lebens ist 42" wurde ja schon in bedeutenden Werken wie „Per Anhalter durch die Galaxis" festgestellt. Dennoch einmal Klartext: Wo ist das, was uns nach unserer Denkart widersprüchlich erscheint?

Ein Beispiel: In der einen Schöpfungsgeschichte entstand die Welt aus dem Ei, in einer anderen wurde sie auf der Töpferscheibe geformt, in der dritten erhob sie sich einfach aus dem Wasser. Alle diese Legenden existierten in der ägyptischen Überlieferung nebeneinander, und niemand forderte letztendlich die definitive Erklärung für die Entstehung der Welt. Was wir aber als Widersprüche empfinden und uns am Verstand der Ägypter zweifeln lässt, ist für die Ägypter völlig „logisch".

Jede Geschichte war doch in sich selbst schlüssig und half, bestimmte Ereignisse ihrer Lebenswelt zu erklären: Entstand nicht neues Leben aus dem Ei, wurden nicht neue Dinge auf einer Töpferscheibe geformt, stieg das fruchtbare Land nicht „von selbst" aus dem Wasser, am Ende der jährlichen Nilflut? Mal ehrlich, letztendlich nutzen wir, selbst in der Naturwissenschaft, auch Modelle und Gedankengebäude um uns bestimmte Phänomene zu erklären. Und gelingt das in Einzelfällen nicht, so wird es von uns als Paradoxon, als Widerspruch bezeichnet. Dabei sind eigentlich wir das Paradoxon, da wir nicht fähig sind, auch diesen Sonderfall noch zu erklären. Ein Dreijähriger würde bei solchen Dingen einfach sagen „das gildet nicht – ich spiel nicht mehr mit", die Wissenschaft runzelt da lieber die Stirn, spricht von Ausnahmen, die die Regeln bestätigen und belächelt, ja bedroht manchmal Leute für einfache Sätze wie „und sie bewegt sich doch". Das bedeutet: Ägyptische Religionsvorstellungen müssen wir gar nicht bis ins Einzelne verstehen. Wir werden den Gedanken und Sehnsüchten dieser Kultur einfacher nahe kommen, in dem wir akzeptieren, dass unsere Art zu denken nur eine unter vielen Möglichkeiten ist, die Welt zu verstehen.

Doch genug der Wissenschaftskritik – fest steht, dass die Ägypter diese Widersprüche nicht als solche empfanden. Ein praktisches Völkchen eben, dem mitunter eine Erklärung eines bestimmten Detailproblems genügte, ohne jemals die Forderung nach einer alles erklärenden Wahrheit zu stellen. Diese unterschiedlichen, uns widersprüchlich erscheinenden Geschichten und Vorstellungen sind besonders typisch für die gesamte altägyptische Religion, und so störte es natürlich keinen großen Geist, dass z.B. Month in seinem Bezirk ein Gott für alle Fälle, im gesamten Reich aber hauptsächlich Kriegsgott war. Es gibt die verschiedensten Vorstellungen vom Jenseits und vom Weg dorthin, von Göttern und deren Funktionen und natürlich von der Entstehung der Welt.

Synkretismus: Götterbasteln leicht gemacht

Synkretismus ist weder ansteckend, noch auf Rezept erhältlich, sondern ist der Fachbegriff für das Verschmelzen von Göttern und deren Eigenschaften zu einem Gott. Man nehme mindestens zwei Götter, gebe sie in eine Moulinette und erhält dann einen neuen Gott – oder wie? Am besten fangen wir noch mal von vorn an:

Stellen Sie sich vor, Sie haben ein besonderes Dominospiel. Jeder Stein ist wie im normalen Domino zweigeteilt, trägt aber nicht unterschiedliche Punkte, sondern Elemente eines Gottes: Nehmen wir zum Beispiel den Sonnengott Re: auf der einen Hälfte seines Steines stehen seine Eigenschaften, sein Charakter wie Allmacht, König der Götter, Glanz, etc. Auf der anderen Hälfte wären dann sowohl sein Aussehen, seine Attribute dargestellt als auch die Sonnenscheibe.

Für den Gott Amun wiederum hieße das Allmacht, König der Götter auf der einen, Menschen- bzw. Widdergestalt, Straußenfedern, Federkrone auf der anderen Seite des Steines.

Nun können Sie beide Steine an den Seiten, die sich ähnlich bzw. gleich sind, aneinanderlegen. Beide Götter sind (jeweils zu ihrer Zeit) Götterkönige und passen an dieser Stelle zusammen. Das Ergebnis: Wir haben einen neuen Gott Amun-Re. Das Interessante ist nun, dass dieser Gott die Eigenschaften beider Gottheiten vereint, aber auch ihre Gestalt. Denn Amun-Re trägt sowohl die Federkrone als auch die Sonnenscheibe als Zeichen.

Nach diesem Baukastenprinzip lassen sich viele Gottheiten „je nach Bedarf" zusammenbasteln. Ein weiteres Beispiel: Re-Harachte (übersetzt heißt das „Horus der beiden Horizonte") ist eine Verschmelzung, ein Synkretismus des Falken- und Himmelsgottes Horus und des Sonnengottes Re. Re-Harachte taucht dann in der Gestalt eines Falken oder falkenköpfigen Mannes auf, der eine Sonnenscheibe (das Kennzeichen für Re) auf dem Kopf trägt.

Aber warum geschieht so etwas? Ist die ägyptische Kultur nicht schon kompliziert genug?
Dafür gibt es zwei Erklärungen: Die Ägypter hatten, wie schon erklärt, immer mindestens zwei Lösungen für ein (theologisches) Problem. Diese konnten sich, aus unserer Sicht der Dinge, zwar widersprechen, gaben aber immer einem bestimmten Aspekt den Vorrang.

Amun-Re z.B. war eben der „Supergott", der die beiden Hauptgötter aus unterschiedlichen Epochen der ägyptischen Geschichte vereinigte. Außerdem gibt es beispielsweise zur gleichen Zeit auch einen anderen „Göttercocktail" Re-Harachte (Re-Horus, der beiden Horizonte). Bei diesem spielt nicht so sehr der Aspekt von Re als Götterkönig eine Rolle, sondern mehr sein „Nebenjob" als Himmelsgott. Re ist Himmelsgott und Horus ist ebenso Himmelsgott, also haben wir schon wieder zwei Dominosteine mit einer zusammenpassenden Seite. Heraus kommt eine Göttererscheinung mit Falkenkopf (Erscheinungsform des Horus) und Sonnenscheibe (Erscheinungsform des Re). Und damit das Ganze noch etwas bunter wird, existieren natürlich parallel dazu noch Amun, Re und Horus jeder für sich, je nach „Bedarf" und Zusammenhang.

Nun aber konkret: Wie sind diese Göttermixturen entstanden?

Dafür gibt es natürlich nicht nur eine Erklärung, sondern gleich drei. Ortsbezug, historische Entwicklung und religiöse „Erfordernisse" lösen den Göttermix überhaupt erst aus:
Ortsbezug
Eins dürfen wir niemals vergessen: Auch das historische Ägypten ist ein über 1000 km langes Land mit einem Haufen von regiona-

lem Klüngel, nur dass die Witze, die sich die Oberägypter über die Deltabewohner erzählten, nicht überliefert wurden. Erst heute ist es dank der Medien überhaupt möglich, dass sich ein Land von der Größe der Bundesrepublik (trotz Weißwurstäquator und Widervereinigung) einigermaßen gleichmäßig entwickeln kann. Vor einigen tausend Jahren jedoch hatte ein Mensch aus dem Delta, einer Sumpfregion, bestimmt ganz andere Probleme als der Oberägypter mit der alljährlichen Nilschwelle. Das wird auch dadurch deutlich, dass das Land, sobald keine klare Zentralgewalt da ist, in Orts- und Gebietsfürstentümer zerfiel. In vorpharaonischer Zeit gab es, so die Theorie, einzelne Stämme mit ihrer eigenen Kultur und mit eigenen Göttern. So wurde in der Region um Theben mehr der Gott Month verehrt, im Norden Ägyptens jedoch war Re der Hauptgott; andere Regionen verehrten mehr die Göttin Hathor usw. Wenn jeder so vor sich hinlebt, gibt es natürlich keine Komplikationen - auch nicht unter Göttern. Schwierig wurde es dann mit der Reichseinigung. Auf einmal gab es eine ganze Reihe von Anwärtern auf den Posten des Hauptgottes und natürlich auch eine ganze Reihe von Göttern mit Spezialgebieten. So betete der Deltamann vielleicht immer noch zu seinem Sonnengott Re, wandte sich in Liebesdingen aber lieber an die Göttin Hathor.

Historische Entwicklung

Im Laufe der ägyptischen Geschichte wechseln einige Male die herrschenden politischen Spitzen und die Regionen, aus denen sie kommen. Kommt eine neue Familie (oder Dynastie) an die Macht, steigt mit ihr natürlich der persönliche Lieblingsgott auf. Meist ist dieser mit dem ranghöchsten Ortsgott identisch – muss es aber nicht sein. Diese „Göttermoden" lassen sich leicht am Namen der Phraonen erkennen, die meist ihren Lieblings- bzw. Reichsgott mit im Regierungsnamen führen. Einige Beispiele: Die Hauptstadt des Alten Reiches Memphis lag im Norden des Landes in der Nähe des heutigen Kairo. Hauptgott war der benachbarte Sonnengott Re. Das Mittlere Reich, die zweite große Epoche der ägyptischen Geschichte, wurde von einer Familie aus der Gegend von Theben begründet. Lieblingsgott war der Kriegsgott Month, und so hießen viele Herrscher dieser Ära (Monthuhotep=) „Month ist zufrieden". Einige Jahrzehnte später übernimmt ein anderes Herrscherhaus die Führung. Bei diesen liegen mehr der Gott Amun und die Göttin Hathor „im Trend". So heißen die Herrscher auch häufig Amenemhet „Amun ist an der Spitze" oder Sesostris „Gefolgsmann der Starken" (= Hathor bzw. Sachmet). In der letzten großen Epoche ist dann anfangs Amun mehr „in Mode": Amenophis „Amun ist zufrieden" ist der Name der Saison. Später verspricht man sich mehr Erfolg von der "Zusammenarbeit" mit dem guten alten Re, und so führt eine ganze Herrschergeneration den Namen Ramses, „Re hat ihn geschaffen".

Religiöse „Erfordernisse"

Wenn wir Religion als den Versuch des Menschen verstehen, sich Dinge zu erklären, die er mit seinem bisherigen Wissen nicht begreifen kann, so haben wir mit unserem altägyptischen Götterbaukasten ein geradezu ideales Instrument. Was uns erst einmal als Wirrwar von religiösen Vorstellungen vorkommt, ist aber eigentlich eine viel elegantere Methode, die persönliche religiöse Erfahrung, die ich mache, einer ganz bestimmten Wesensform (in Form einer eigenen Gottheit) zuzuordnen.

Je nach dem, welcher Aspekt mir im Kontakt mit einem Gott wichtig ist, suche ich mir den passenden Gott dazu. Ziehe ich in den Krieg, bete ich zu Month. Will ich ihn noch etwas befördern, baue ich ihn um zu Month-Re und habe somit einen Kriegs- und Herrschergott (bedingt durch die Kombination mit Re) von überregionaler Bedeutung.

Durch die Reichseinigung war sozusagen ein Warenlager an Göttern entstanden, aus dem jeder je nach Geschmack auswählen konnte. So die Theorie, fest steht allerdings auch, dass wir es schon ab den ersten ausführlichen historischen Belegen mit „Spezialgöttern für bestimmte Dienstleistungen" und Göttern von überregionaler Bedeutung, den Reichsgöttern, zu tun haben.

Alle drei Faktoren - Ortsbezug, historische Entwicklung und religiöse „Erfordernisse" - schaffen diesen einzigartigen Mix, der uns das Verständnis der altägyptischen Religion so schwer macht. Und damit mit es noch ein bisschen schwieriger wird: Alle genannten Faktoren tragen natürlich mehr oder weniger gleichzeitig dazu bei, dass ein „Kombi-Gott" wie Amun-Re entsteht und verehrt wird.

Volksglaube und Gottesnähe

Übrigens, wussten Sie eigentlich, dass meine bisherigen Ausführungen nur ein Teil der Wahrheit sind? Womit wir uns bisher beschäftigt haben, waren nur die offiziellen kulturellen und religiösen

Äußerungen, also die Staatsreligion. Sehen wir genau hin, stellen wir fest, dass selbst in unseren Weltreligionen der Mann und die Frau auf der Straße einen Glauben ausüben, der mitunter von der offiziellen Lehre abweicht. Warum soll es im alten Ägypten anders gewesen sein? Unser Problem ist hier nur, dass gerade von den Glaubensäußerungen des Einzelnen wenig erhalten ist. Aber ein paar Beispiele und Anhaltspunkte lassen erahnen, dass der „Pöbel" einige praxisnähere Religionsansätze hatte als die „intellektuelle Schickeria" der großen Göttertempel.

Ein zentraler Begriff ist hier die Gottesnähe. Denn ich kann nur zu jemandem eine Beziehung aufbauen, wenn er für mich schnell erreichbar ist. Das ist eigentlich eine Binsenweisheit, aber sie gilt besonders für den „Umgang" mit Göttern.

Für uns ist ein Begriff wie „Gottesnähe" immer noch schwer nachvollziehbar. Vielleicht hilft da ein Blick in unsere eigene Vergangenheit: Noch im Mittelalter war der Zugang zu Gott, d.h. das Teilhaben an religiösem Wissen, für den Normalsterblichen stark erschwert. Die meisten Menschen waren Analphabeten und Kirchensprache war Latein. Es bedurfte immer der Vermittlung durch einen Geistlichen, um Inhalte aus der Bibel zu erfahren oder sich religiöse Inhalte zu erschließen. Luther und seine Zeitgenossen haben das erkannt und eine ganz neue Entwicklung ausgelöst, der sich auch die katholische Kirche nicht verschlossen hat. So ist es für uns heute selbstverständlich, Predigten in unserer Muttersprache zu hören und ein ganz persönliches Bild von unserem Gott zu haben oder aber die Existenz Gottes ganz abzulehnen. Im alten Ägypten hat es so etwas wie eine Reformation nie gegeben. Ein Gott war immer etwas absolut Mächtiges. Ein direkter Kontakt mit der machtgeladenen Gottheit war für Uneingeweihte sogar tödlich. Wie finde ich dann die Nähe zu „meinem" Gott?

Tempel - ein Kraftwerk ohne Halbwertzeit

Ein Ägyptologe verglich einmal einen Tempel mit einem Atomkraftwerk: Ganz im Innersten befindet sich eine Kraftquelle, vor deren Strahlung die Außenwelt durch meterdicke Mauern geschützt wird. Die ganze Architektur dient dazu, die Kraft im Innersten kontrolliert an die Umwelt abzugeben. „Kraftwerksbetreiber" war im alten Ägypten der Pharao bzw. der Hohepriester. Nur ihnen war es aus Sicht der offiziellen Religion möglich, gefahrlos der Gottheit gegenüberzutreten. Ein Tempel ist daher ein Gotteshaus, in das kaum jemand hineindurfte.

Was nützt mir aber ein Gott, der im Tempel „vor sich hin kraftmeiert", ich ihn in meiner Nähe brauche, weil meine Mutter krank ist, die Ernte schlecht war oder Ähnliches. Ihren Wunsch, auch örtlich ganz nah bei ihren Göttern zu sein, haben die Ägypter, wieder einmal, ganz praktisch umgesetzt: Ein Tempel ist in der Regel aufgebaut wie eine Art Fischreuse aus Stein. Am Ende einer langen Reihe von Höfen, Durchgängen und Korridoren befindet sich das Kultbild mit der Gottheit. Dahinter ist der Tempel zu Ende. Das bedeutet, wenn ich mich an die Rückseite eines Tempels stelle, trennt mich nur eine einzige Wand von der Gottheit. So wurden häufig an der Rückseite von Tempeln so genannte Gegentempel errichtet. Sie ermöglichten den direkten Kontakt mit dem Gott auch für Normalsterbliche.

In anderen Fällen kann es vorkommen, dass einer der unzähligen Götterdarstellungen an den allgemein zugänglichen vorderen Tempeltoren besondere Kräfte zugeschrieben wurden. Z.B. gab es im Tempel von Memphis an einem Türdurchgang die Darstellung des Schöpfergottes Ptah, der im Volksmund den Beinamen erhält „der die Bitten erhört". Endlich mal einer, der zuhört, dachten sich wahrscheinlich die Gläubigen und weihten ihm hunderte, z. T. nur zentimeterhohe kleine Stelen (meist aus Ton). Damit der Gott dann auch wirklich zuhörte, wurde gleich noch eine Sicherheit „eingebaut". Auf den meisten der kleinen Tafeln wurden neben einer allgemeinen Opferdarstellung immer noch eine Anzahl von Ohren dargestellt. Es ist gut denkbar, dass sich zu dieser Zeit bestimmt ein kleiner Handwerkszweig à la Lourdes oder Maria Laach herausgebildet hat, bei dem die Meister ihre Stelen als die mit den schönsten Ohren Ägyptens anpriesen.

Die auf uns skurril wirkenden Ohrenstelen passen nicht so richtig zu unserer Vorstellung vom Ägypter an sich, aber sie sind vielleicht typisch für ein Religionsgefühl der breiten Masse, das sich offenbar von den hochfliegenden Theorien der intellektuellen Juppies vom Königshof unterschied.

Schreine und Kleinsttempel
– die Kirche im Dorf lassen

Die Arbeitersiedlung Deir el Medineh (im westlichen Theben gelegen) ist in vieler Hinsicht ein Sonderfall: In ihr lebten die Handwerker, die für den Bau der Königsgräber verantwortlich waren. Hier hat sich etwas erhalten, was es aber vielleicht auch an anderen

Orten gegeben hat. Neben der eigentlichen Siedlung fand sich eine ganze Anzahl von Kapellen und Schreinen, die die Handwerker offensichtlich in Eigenregie errichtet hatten. Das waren ihre „Dorfkirchen", in denen sie sich wahrscheinlich Ihren Göttern noch näher fühlten als an der Mauer eines der bombastischen steinernen Reichstempel auf dem thebanischen Ostufer des Nils. In diesem Zusammenhang fanden sich Opfertafeln und in den Siedlungshäusern Büsten (von Verstorbenen?). Man kann daher vermuten, dass es sogar eine Art Ahnenkult gegeben hat, in dem der verstorbene Angehörige auch die Funktion eines Fürsprechers mit „direktem Draht zu den Göttern" hatte.

Mittler – ein Draht zu Gott

Gehen wir noch einmal einen kleinen Schritt zurück: Für uns bzw. für die Gläubigen ist ein direkter Kontakt zu Gott möglich. Noch in der katholischen Kirche jedoch gibt es die Heiligen, die angerufen werden können, weil sie vielleicht eher ein Ohr für die persönlichen Probleme haben und dann als Fürsprecher über ihren direkten Draht zu Gott ein gutes Wort einlegen könnten. Solche Fürsprecher gibt es natürlich auch in der ägyptischen Kultur. Dass ein König nach seinem Tod zu einem Gott wurde, war in Ägypten völlig normal. Nur betete man nicht zu ihm. Im Theben des Neuen Reiches aber gab es einen Sonderfall. Der verstorbene König Amenophis I. und seine Frau Ahmes Nefertari wurden über Jahrzehnte hinweg wie „normale" Götter von der ortsansässigen Bevölkerung verehrt.

FAQ - häufige Fragen

Neben den großen Themen wie Religion und Geschichte haben Sie vielleicht einige Fragen, die Sie „wissen wollten, aber nie zu fragen wagten". Ein paar davon möchte ich nachfolgend beantworten:

Gab es Kunst in Ägypten?

Nein. Es ist eher sinnvoll von ägyptischem Kunsthandwerk oder Kunstfertigkeit zu sprechen. Sicher, die Definition von Kunst ist ein weites Feld von „Jeder Mensch ist ein Künstler" bis hin zu „Kunst kommt von Können, nicht von Wollen – sonst hieße es Wunst". Eine Definition von Kunst, auch wenn sie angebracht wäre, möchte ich Ihnen hier ersparen. Dennoch, betrachten wir die Ziele, die ein Künstler aus unserer Sicht und ein altägyptischer Kunsthandwerker verfolgten, so wird doch ein Unterschied deutlich:

„Unser" Künstler stellt sich als Schöpfer einer einmaligen Sache in den Vordergrund. Sinn dieses Objektes ist es, in irgendeiner Form betrachtet zu werden. Ein Künstler benötigt ein Publikum. Die Kunstobjekte können einem hohen gestalterischen Anspruch gerecht werden. Haben sie aber einen echten praktischen Nutzen, so nennt sich das gemeinhin Design.

Ein ägyptischer Kunsthandwerker ist in der Regel namenlos. Zumindest finden wir auf Tempel- und Grabwänden oder Statuen keine Künstlersignaturen. Ziel der geschaffenen Objekte ist es nicht, betrachtet zu werden, sondern im kultischen Sinne zu funktionieren. Ein ägyptischer Kunsthandwerker hat kein Publikum, er hat nur einen Auftraggeber. Das was wir aufgrund seiner hohen handwerklichen Qualität als Kunst bezeichnen, haben mindestens 95 Prozent der ägyptischen Bevölkerung niemals gesehen: Die Tempel waren nicht zugänglich für das gemeine Volk, noch weniger die Paläste und selbstverständlich nicht die Gräber.

Worin lag dann die Funktion der Denkmäler? Generell liegt den meisten Darstellungen, gleich ob es sich um Felsinschriften, Wanddekorationen oder Statuen handelt, die ägyptische Grundvorstellung zugrunde, dass alles, was dargestellt ist, auch magisch wirksam und real existiert. Die Darstellungen sind wie Stellvertreter für die abgebildeten Personen oder Gegenstände. Dabei ist es vor allem bei Personen nicht entscheidend, dass die Darstellung der gemeinten Person auch wirklich ähnlich sah. Wichtig war, dass sich über den Namen in der Beischrift zur Darstellung oder Statue die Person identifizieren lassen konnte. Das war unter Umständen sehr praktisch und Kosten sparend.

Es gibt einige Fälle, in denen der regierende König einfach Statuen seiner Vorgänger mit seinem eigenen Namen versah, und Simsalabim hatte er auf günstige Weise eine neue Statue. Es war wirklich nur der Name ausschlaggebend dafür, wer die Statue für seine Zwecke benutzen konnte, vergleichbar einem Auto, dessen Eigentümer wechselt – es ändern sich Nummernschild und Fahrer, aber das Auto fährt weiter.

Welche Funktionen hatten nun die ägyptischen Bildwerke?
Am besten, wir unterscheiden hier in die beiden Hauptwirkungsorte:
Tempel
Der Tempel war Wohnort einer oder mehrerer Gottheiten. Durch seine Höfe, Gänge und Säulenhallen schützte er die Uneingeweihten, also 99 Prozent der Bevölkerung, vor der unkontrollierten Macht der Götter. Im Allerheiligsten befand sich das Kultbild des Gottes, das in einer täglichen Zeremonie gereinigt, gewaschen und „gespeist" wurde.
Hatten die Szenen an den Außenwänden die Aufgabe, Unheil abzuwehren, waren die Innenwände in der Regel mit den unterschiedlichsten Opferdarstellungen dekoriert. Durch die Darstellungen der Opferhandlungen war der Gott im Tempel auf magische Weise dennoch versorgt, selbst wenn die Opfer einmal ausblieben. Das kam bei den meisten Tempeln zwar nicht vor, aber die Ägypter machten eben keine halben Sachen.
Manchen hohen Beamten war es gestattet, eine Statue im vorderen Bereich des Tempels aufzustellen. Hier funktionierte sein Bildnis als Stellvertreter seines Eigentümers, vor allem nach dessen Tod. Durch die Präsenz seiner Statue im Tempel nahm der Verstorbene (zumindest theoretisch) am so genannten Opferumlauf, der Speisung der Götter teil. So war seine Versorgung im Jenseits gewährleistet, selbst wenn die Angehörigen des Toten ihm keine Opfer mehr darbrachten, wie es eigentlich ihre Aufgabe war.
Grab

Das Grab war die „Maschine" für das Jenseits. Die Darstellungen und Beigaben hatten die Funktion, den Toten heil ins Jenseits zu befördern und ihm mindestens den „Lebensstandard" zu ermöglichen, den er zu Lebzeiten hatte. Das Grab wurde daher mit Szenen und Inschriften dekoriert, die allein diesem Zweck dienten. Wurden die „Szenen des täglichen Lebens" abgebildet, so bedeutet das nicht einen Blick in das „Fotoalbum" des Verstorbenen. Szeneninhalt ist meist die Beschaffung von Nahrung in irgendeiner Form. Durch die Darstellung wurde die Nahrung für den Verstorbenen magisch wirksam, und seine Versorgung war gesichert. Ähnlich verhält es sich mit den Jenseitsdarstellungen. Zum Beispiel wird hier gezeigt, wie der Verstorbene vor dem Jenseitsgericht besteht in das Jenseits gelangt. Durch diese Darstellung wurde magisch abgesichert, dass der Tote die Prüfung im Jenseits besteht. Das erklärt auch, warum in den Gräbern immer ein ähnliches Repertoire an Szenen auftaucht, hatten sie alle doch denselben Zweck. Sicher, die Szenen unterscheiden sich in der kunsthandwerklichen Qualität und in manchen Details, aber die Grundinhalte sind ähnlich.

Ein kleines Beispiel mag zeigen, wie wenig Bezug zur ägyptischen Realität die Darstellungen hatten, erscheinen sie uns auch noch so profan und alltäglich. Mumienfunde belegen, dass die Ägypter spätestens seit Beginn des Mittleren Reiches Ohrringe trugen. Die Szenen des „täglichen" Lebens aus dieser Zeit stellen aber weder Personen mit Ohrlöchern, noch mit Ohrringen dar. Im Laufe des Neuen Reiches finden wir auf Wanddarstellungen Menschen mit Ohrringen oder Ohrlöchern. Nicht aber bei Statuen. Erst gegen Ende der 18. Dynastie wird es üblich, auch bei Statuen Ohrlöcher anzudeuten.

Was Ihnen zunächst als ägyptologische Spitzfindigkeit erscheinen mag, ist aber auch an anderen Beispielen belegbar: Wir können uns einfach nicht darauf verlassen, dass das, was wir in den Gräber finden, auch wirklich der ägyptischen Realität entsprach. Es ging eben nicht um die Darstellung echten Lebens, sondern um eine rituelle Funktion.

Ein anderes Beispiel ist die Ähnlichkeit in den Gesichtszügen zwischen den Statuen der Könige und denen ihrer Beamten. Auch bei uns ist das Phänomen bekannt, dass man sich z.B. eine Elvis-Tolle stehen lässt. Allerdings bedeutet dies nicht (Michael Jackson viel-

leicht ausgenommen), dass sich auch die Gesichtszüge angleichen. Anders jedoch im alten Ägypten: Aufgrund der Lippen-, Augen- und Nasenform eines Herrschers lassen sich die Statuen von Privatleuten, die gleiche Merkmale aufweisen, recht gut in die Zeit ihres Herrschers datieren. Es ist natürlich nicht davon auszugehen, dass die ganze ägyptische Beamtenschaft nach einem Regierungswechsel zum plastischen Chirurgen rannte, um sich den Gesichtszügen des neuen Königs anzupassen.
Es war bei den Statuen eben nicht wichtig, ob sie dem Eigentümer ähnelten, sie sollten schließlich auch nur funktionieren. Außerdem sorgte ja der Name des Eigentümers auf der Statue für eine eindeutige Zuordnung.

Ebenso sind aus meiner Sicht Bezeichnungen wie „Altersbildnis" bei Beschreibungen von Statuen derselben Person mit Vorsicht zu genießen. Eigentlich kennen wir nicht das Ziel, dass der Kunsthandwerker verfolgen musste, als er eine Statue schuf, die etwas trauriger oder staatstragender wirkte.

Was heißt das für die Glaubwürdigkeit ägyptischer Darstellungen und für die ägyptische „Kunst"? Die Ägypter haben uns ein handwerklich exzellentes, gut geschminktes Bild von sich hinterlassen. Aber wie heißt es so schön „Besser gut geschminkt als vom Leben gezeichnet".

Warum gibt es Pyramiden?
Um die altägyptischen Pyramiden ranken sich mindestens genauso viele Geschichten und Mythen wie bei dem so genannten Fluch der Pharaonen. Auch hier finden wir, wieder einmal, die ganze Palette aus Mutmaßungen, Wunschvorstellungen und Phantasien: Mal sind die Pyramiden Sinnbild für die „Sklavenhaltergesellschaft" in Ägypten[29], mal handelt es sich um Landemarken für die Außerirdischen (sog. Göttern)[30], mal sind sie ein Vermessungsinstrument, mal eine Sternwarte, mal ein monumentaler Speicher des gesammelten ägyptischen Wissens, und, und, und.

Es soll aber immer noch einige „Unbelehrbare" geben, die tatsächlich behaupten, es handele sich dabei nur um Gräber. Zu dieser „aussterbenden" Gattung zähle ich mich auch. Lassen Sie uns darum einmal versuchen, bei dem ganzen Vorstellungswust etwas hinter die Kulissen zu sehen. Denn eigentlich dreht es sich, wenn von den Pyramiden gesprochen wird, nur um die größte ägyptische Pyramide, die Cheops-Pyramide. Getreu dem Motto „Was groß ist, ist auch wichtig".

Bei der Konzentration der „Pyramidenforschung" auf lediglich eine einzige Pyramide wird außer Acht gelassen, dass fast hundert Pyramiden im Laufe der Zeit von den Ägyptern errichtet wurden, die meisten von Königen nach Cheops. Wenn aber die Cheopspyramide so wichtig und voller Geheimnisse war, warum wurde sie von den nachfolgenden Herrschern nicht nachgeahmt(nicht unbedingt in der Größe, aber in den Proportionen)?
Aber vielleicht versuchen wir es zur Abwechslung einmal mit ein paar Fakten, wie sie aus den original ägyptischen Quellen hervorgehen:

Kurze Baugeschichte von Gizeh
Die erste Pyramide wurde in der 3. Dynastie um 2700 v. Chr. zur Zeit des Königs Djoser errichtet und war noch eine Stufenpyramide.[31] Djosers Nachfahren setzten diese Tradition fort, doch sind ihre Bauten entweder unvollendet oder nur in Ansätzen erhalten.[32]

Mit dem Beginn der 4. Dynastien entstehen unter der Herrschaft des „Baulöwen" Snofru die ersten richtigen Pyramiden. Snofru errichtete während seiner 44-jährigen Herrschaft insgesamt drei Pyramiden. Deren gesamtes Bauvolumen übersteigt das seines Nachfolgers, des „berühmten" Cheops, um mindestens das Eineinhalbfache. Alle Pyramiden weisen eine unterschiedliche Bauweise auf und zeigen sehr deutlich das ständige Bestreben, die noch neue Bauform und ihre Anforderungen an Statik, Architektur und Logistik in den Griff zu bekommen.

Spätestens unter Cheops wusste man dann wirklich, wie es ging, und die größte ägyptische Pyramide entstand. Cheops ist der erste Herrscher, der eine Pyramide bei Gizeh zusammen mit einem streng organisierten Gräberfeld für seine Angehörigen und die höchsten Beamten des Landes errichten lässt. Nach 35 Jahren Herrschaft folgt ihm Djedefre auf dem Thron nach. Er errichtet seine Pyramide bei dem etwa 20 km nördlich gelegenen Abu Rowasch. Chephren, Djedefres Nachfolger, regiert das Land 35 Jahre und setzt die Bautätigkeit auf dem Felsplateau von Gizeh fort. Geschickt lässt er sein Grabmal, die zweitgrößte Pyramide Ägyp-

tens, auf einer kleinen Anhöhe errichten. Dadurch wirkt seine Pyramide höher als die des Cheops. Nach ihm errichtet Mykerinos als letzter Herrscher eine Pyramide auf dem Giza-Plateau. Als Mykerinos nach 18 Regierungsjahren stirbt, ist seine Pyramide zwar fertig, doch die dazugehörigen Tempel werden erst unter seinem Nachfolger (in Lehmziegelbauweise) vollendet. Mit dem Tod Mykerinos endet die königliche Bautätigkeit auf dem Gizeh-Plateau, und das Areal stellt sich wie folgt dar:
Drei Pyramiden, von Norden nach Süden kleiner werdend, wurden in einem Zeitraum von etwa 90[33] bzw. 120[34] Jahren errichtet. Um sie herum erstrecken sich die Gräber der direkten königlichen Familie sowie hoher Beamter. Diese Gräber, insbesondere auf dem so genannten Westfriedhof, wurden streng planmäßig angelegt. Die meisten ähneln sich in Aufbau und Größe sehr stark, wie in einer Reihenhaussiedlung.
Neben diesen sehr planvollen Anlagen finden sich Felsgräber, die in die durch die Steinbruchstätigkeit entstandenen Senken und Abbruchkanten geschlagen wurden. Sie stammen meist aus der Zeit des Mykerinos oder später. Doch das ist nur das Bild, das sich dem heutigen Besucher bietet.

Zu den Baukomplexen kamen noch die Pyramidenstädte, die Siedlungen für über 5000 Arbeiter, die Hafenanlagen etc. All dies wurde aus ungebrannten Lehmziegeln errichtet und ist heute zum Großteil zerstört, von modernen Siedlugen überbaut oder liegt noch unter den großen Sand- und Schutzmassen des Areals begraben.

Erst seit Anfang der 1990er-Jahre (!)wird das ganze Areal um die Pyramiden von Gizeh systematisch vermessen und gezielt nach den Resten des Baubetriebes um die Pyramiden herum geforscht. Einige Wirtschaftsgebäude, vor allem aus dem Ende der 4. Dynastie, wurden in der Nähe eines modernen Fußballfeldes bereits entdeckt. Aber das Gelände ist sehr groß, und so müssen wir uns noch ein paar Jahre gedulden, bevor ein einigermaßen umfassendes Bild des Lebens und der Bauarbeiten an den Pyramiden entworfen werden kann.[35]

Es ist schon sonderbar: In den vergangenen hundert Jahren (und auch noch viele Jahrhunderte davor) wurde fast unüberschaubar viel über die Pyramiden geschrieben, aber erst seit etwa 10 Jahren wird das ganze Umfeld gründlich erforscht. Viel Energie wurde auf die Vermessung der Großen Pyramide (der des Cheops) verwendet und auf die verschiedensten Berechnungen und Beweisführungen. Wäre nur etwas von diesem Eifer in die tatsächliche Erforschung der Gesamtumstände des Pyramidenbaus investiert worden, dann wäre uns so manche abenteuerliche Theorie erspart geblieben.

Pyramidenbau: Magie oder Know-How?

Lassen Sie uns aber nun wieder auf die Pyramiden selbst und ihre Erbauung zurückkommen. Schon früh setzten sich viele kluge und weniger kluge Köpfe damit auseinander, wie diese riesigen Steinberge überhaupt errichtet worden sein können, wurden doch Rampen oder Reste, die genauer auf eine bestimmte Bautechnik hinweisen, nicht gefunden (bzw. es hat keiner richtig danach gesucht). Wie denn auch? Denn sie nahmen während der Bauzeit den Platz ein, an dem später einmal die ebenso wichtigen Kultbauten und Tempel der Pyramiden stehen sollten. Sie wurden daher, nachdem sie nicht mehr notwendig waren, so spurlos wie möglich beseitigt. Oder würden Sie nach der Fertigstellung eines Hauses das Baugerüst für die nächsten Jahre stehen lassen, nur um die Leistungsfähigkeit des Gerüstbauers unter Beweis zu stellen?

Aber zurück zu den klugen und weniger klugen Köpfen, von denen ich beispielhaft zwei arabische Historiker des Mittelalters zitieren möchte:

Ahmed al-Maqrizi (1360-1442 n. Chr.)

„... Die Arbeiter hatten mit (magischen) Schriftzeichen bedeckte Blätter bei sich, und sobald ein Stein zurechtgeschnitten und behauen war, legte man eines dieser Blätter darauf, dem man einen Schlag versetzte, und dieser Schlag genügte, um ihn eine Entfernung von 100 Sahnes (26.000 m) zurücklegen zu lassen, und man fuhr damit fort, bis der auf dem Pyramidenplateau ankam." (Eigentlich ein recht „menschlicher" Zug von einem Stein: Ich würde mich ähnlich weit bewegen, wenn ich derart Prügel bezöge.)

Ahmed Ibn Khaldun (1332-1406)[36]

„... Dies ist so, da Städte nur durch vereintes Handeln, eine Vielzahl von Menschen und deren Zusammenwirken errichtet werden können. Wenn nun die Dynastie mächtig und ihr Reich groß ist, können die Arbeitskräfte aus den Landesteilen zusammengezogen und ihre Fähigkeiten vereint werden, um für die Dynastie zu arbeiten. ... Wenn die Menschen die Baudenkmäler der Vorfahren und deren großartige Bauwerke, wie ... die Pyramiden Ägyptens ... sehen, denken sie häufig, dass dies allein durch menschliche Kräfte, sei es in Einzel- oder Gemeinschaftsarbeit, errichtet worden seien. So bilden sie sich ein, dass jene Menschen Leiber gehabt haben müssen, die im Verhältnis zu diesen Baudenkmälern standen und somit um vieles größer, länger und kräftiger (als heutzutage) waren, ... Sie übersehen dabei die Bedeutung der Baugerätschaften, der Hebel und aller anderen Dinge, die jene bautechnischen Gewerbe sonst noch erforderlich machen."

Ich überlasse es ein wenig Ihnen, welchem der beiden Autoren Sie mehr Glauben schenken wollen. Aber bedenken Sie, dass selbst ein Mann aus dem 14. Jahrhundert wie Ibn Khaldun die Errichtung einer Pyramide ohne jeglichen Hokuspokus für möglich hielt.

Projektmanagement im Pyramidenbau

Eigentlich handelt es sich bei dem Bau einer Pyramide um ein ganz normales Großprojekt, mit dem Ergebnis, dass statt einer Neubausiedlung oder einer Industrieanlage eben „nur" ein Grabmal herauskommt. Ich denke, es genügt daher, die Projektphasen mit den wichtigsten Teilschritten kurz zu umreißen:[37]

A Projektimplementierung
Entschluss zum Bau einer Pyramide bald nach der Thronbesteigung
Bildung eines Planungsstabes

B Projektplanung
Prüfen der Rahmenbedingungen
Auswahl eines Bauplatzes nach den Kriterien:
- Nähe des Bauplatzes zum Königspalast
- Nähe zu Begräbnisstätten der Vorgänger
- Nähe zu heiligen Stätten und Kultorten
- statische Eignung des Bauterrains
- Nutzbarkeit des am Bauplatz anstehenden Gesteins als Baumaterial

Kalkulation des erforderlichen Aufwands
Anforderung und Bereitstellung der erforderlichen Ressourcen (Material, Arbeitskräfte etc.)
Planung der benötigten Baulogistik

C Projektdurchführung und Baubeginn
Vermessen des Geländes

Gründungsritual und Gründungsbeigabe (entspricht in
etwa einer Grundsteinlegung)
„Einberufungsbescheid" an die Bauern
Nivellieren des Geländes
Beginn der Steinbrucharbeiten für die Verkleidungsblöcke
Bauen der Boote zum Steintransport (längere Strecken)
Bauen der Schlitten zum Steintransport („Kurzstrecke")
Bau von Anlegestelle in Bauplatznähe für ankommenden
Lieferungen
Aufbau der gesamten Logistik, bestehend aus:[38]
     - Bäckereien
     - Töpfereien
     - Webereien
     - Steinmetzwerkstätten
     - sonstigen Zuliefer- und Reparaturwerkstätten
     - Arbeitersiedlungen usw.
Bau der Transportrampen vom Anleger zum Bauplatz
Erstellen der Baurampen zum eigentlichen Pyramidenbau
(wahrscheinlich vier Rampen, wohl eine pro Ecke)
Errichten der ersten Steinlagen über die vier Eckrampen
Nach Fertigstellung der ersten Lagen Übergang von den
vier Eckrampen hin zu einer Rampe, die schneckenförmig
die immer größer werdende Pyramide umläuft.
Nach Erreichen der Sollhöhe Setzen des Pyramidions[39]
als Schlussstein und höchsten Punkt der Pyramide
Allmählicher Rückbau der umlaufenden Rampe und
gleichzeitiges Setzen der Verkleidungsblöcke

Bau der Tempelanlagen
Bau des Taltempels
Bau des Pyramidentempels
Bau des Aufwegs

D Projektabschluss
Rückbau der Werkstätten, Arbeitersiedlungen etc.
„Umbau" von einigen Gebäuden aus der Bauphase zur
Pyramidenstadt mit Priesterwohnungen und „üblicher"
Infrastruktur

Das heißt: Bricht man die Hauptaufgabe Pyramidenbau in Teilauf-
gaben herunter - eine auch heute noch übliche Methode - so ist
eine solche Bauleistung selbst für uns Heutige schon um einiges

einfacher nachvollziehbar. Wir haben es bei den Bauleitern der Ägypter mit brillianten Projektmanagern zu tun. Es genügt ein Blick auf einige heutige Führungskräfte, um festzustellen, dass es sich bei diesen nicht um Außerirdische oder Magier handelt. Aber wer weiß, vielleicht ist Bill Gates doch ein verkapptes Marsmännchen und Ron Sommer zieht sich nach seinem Telekom-Abschied in seine alte Heimat zurück – auf den Alpha Centauri?

Soweit zum Organisatorischen. Doch nun zur Frage „Waren die Ägypter vom Wissenstand überhaupt in der Lage, mit dem Medium Stein so umzugehen, wie es der Pyramidenbau erfordert? Die Antwort lautet eindeutig: ja. Betrachten wir noch einmal kurz die Entwicklung der Steinbearbeitung, wie sie sich auch aus den Grabungsfunden darstellt. Bereits um 3000 v. Chr. gab es kunstvolle Gefäße (meist in Tierform) aus Hartgesteinen, wie Breccia, Gabbro, Grauwacke, und natürlich aus den weitaus einfacher zu bearbeitenden Granit und Basalt.[40] Auch Spielsteine und Tierstatuen aus Alabaster, die in die Zeit zwischen 3000 und 2700 v. Chr. datieren, haben sich erhalten. Hinzu kommen noch so genannte Schminkpaletten aus Schiefer und Keulenköpfe. Mit reichen Darstellungen von Schlachten und Kapitulationen versehen, haben diese Gegenstände eher die Funktion von Gedenktafeln als zum praktischen Gebrauch (wie Schminken und Schädeleinschlagen). Um 2700 haben wir den frühesten Beleg für steinerne Königsstatuen.[41]

Außerdem finden sich auf den Königsfriedhöfen der 1. Dynastie (ab 3000 v. Chr.) im nördlichen Sakkara und in Abydos große monumentale Königsgräber von über 60 m Länge. In der 2. Dynastie änderte sich die Form der Grabanlagen, und es entstanden unter anderem in der Nähe der späteren Djoserbauten Gräber mit großen Gangsystemen von über 120 m Länge. Die Grabaufbauten sind weitestgehend nicht mehr erhalten.
Dann erfolgte unter Djoser (um 2650 v. Chr.) mit der Stufenpyramide der erste monumentale Steinbau. Etwa 35 Jahre später entstanden unter „dem Baulöwen" Snofru, dem ersten König der 4. Dynastie, die ältesten drei „richtigen" Pyramiden, deren Bauvolumen, wie erwähnt, zusammengenommen die Baumasse der Cheopspyramide um das Eineinhalbfache übersteigt.

Alles in allem bedeutet dies für die Befähigung der Ägypter, ein Projekt von der Größe der Cheopspyramide zu bewältigen:

Beim Bau der Cheopspyramide um das Jahr 2585 v. Chr. hatten die Ägypter in der qualitätvollen Bearbeitung von Stein eine Erfahrung von über 400 Jahren. Bei der Organisation von Großprojekten wie der Djoseranlage konnten sie auf eine Erfahrung von etwa 75 Jahren zurückblicken. Außerdem muss der erforderliche organisatorische Apparat unter Cheops´ Vorgänger Snofru bereits so gut ausgebaut gewesen sein, dass hier die Voraussetzungen für ein weiteres Großprojekt wie die Cheopspyramide sogar optimal waren.

Warum sollten wir, für die eine Entwicklung vom ersten Auto bis hin zum Spaceshuttle innerhalb von hundert Jahren völlig normal zu sein scheint, daran zweifeln, dass der Pyramidenbau nach einer mehrhundertjährigen Praxis mit Stein für die Ägypter kein ernsthaftes Problem darstellte?

Sicher, die einen oder anderen technischen Details sind noch ungeklärt. Aber ist dies auch ein Wunder? Wie viel Erfahrungen in der manuellen Steinbearbeitung haben wir im Vergleich zu den alten Ägyptern? Wenn ein Nichttechniker ein Auto bauen wollte, würde man ihn auslachen und ihm sagen „Mach du erst mal `ne Lehre!" Es ist die Frage, ob wir unsere „Gesellenprüfung" überhaupt schon bestanden haben, um darüber urteilen zu können, ob Meister im Bauen wie die Ägypter bei ihren Bauprojekten wirklich die Hilfe von Außerirdischen benötigten. Bedenken Sie: Bei den Pyramidenbauern handelte es sich um absolute Profis.

Auf die einzelnen um den Pyramidenbau geisternden Theorien einzugehen, hat wenig Sinn, unterliegen doch alle so genannten Beweisführungen immer dem gleichen Schema: Ein Zitat aus „Das Foucault´sche Pendel" von Umberto Eco[42] mag dies verdeutlichen: „Wahrheiten?" Aglié lachte auf ...„Zunächsteinmal, wenn man die genaue Basis der Pyramide durch das genaue Doppel teilt, erhält man nicht die Zahl π sondern 3,1417254. Eine kleine, aber wichtige Differenz. Ferner berichtet ein Schüler von Piazzi Smyth, Flinders Petrie, der auch Stonehenge vermessen hat, er habe den Meister eines Tages dabei überrascht, wie er, um auf die richtigen Zahlen zu kommen, an den Granitvorsprüngen im Vorraum des Königsgrabes herumfeilte. ... Meine Herren, wollen Sie mir bitte ans Fenster folgen? Er ... zeigte uns einen hölzernen Kiosk, in dem vermutlich die Lose der staatlichen Lotterie verkauft wurden. „Sehen Sie jenen Kiosk dort", sagte er. „Ich lade sie ein, ... ihn zu vermessen. Sie werden sehen, dass die Breite des Bodens 149 Zentimeter beträgt, also ein Hundertmilliardstel der Entfernung von der Erde zur Sonne. Die Höhe der Rückwand geteilt durch die Breite des Fenster ergibt 176:56=3,14, die Zahl π. ... Die Dicke des Boden beträgt 3,10 Zentimeter und die Breite des Fensterrahmens 8,8 Zentimeter. Ersetzt man die Zahlen vor dem Komma durch die entsprechenden Buchstaben des Alphabets, so erhält man C10H8, die Formel des Naphtalins. ... Mit den Zahlen kann man machen, was man will".

So weit unser kleiner Ausflug in die Welt der Literatur, der deutlich macht, wie vorsichtig man sein sollte, wenn man mathematische Relationen aus Objekten herleitet, sei es nun Stonehenge, die Cheopspyramide oder ein Kiosk der staatlichen italienischen Lotterie.

Pyramidologie oder
Wie schreibe ich einen Bestseller?

Nun möchte ich nach so vielen Zahlenspielen zur Vorgehensweise vieler Autoren im Stile eines von Däniken kommen:[43]
Man nehme
- eine seit langem untergegangene Kultur, mit der sich die Europäer seit geraumer Zeit beschäftigen
- Monumente der Kultur, die jeder kennt und die man mit der Kultur sofort verbindet
- ein paar Fakten aus der Kultur
- ein paar Vorurteile, wie „Wissenschaftler sind arrogante Fachidioten"
- ein paar kulturelle Voreinstellungen, wie eine fortschreitende Entfremdung vom bäuerlichen und handwerklichen Leben
- den festen Glauben daran „alles was groß ist, ist wichtig"
- Halbwissen der Leser
- einen „Joker", mit dem man alle möglichen Unstimmigkeiten einer Kultur erklären kann, wie zum Beispiel „Außerirdische haben die Erde besucht".

Dies alles gut vermischen, dann erhalten Sie, selbstverständlich abhängig von der eigenen Phantasie, viele unterschiedliche Geschichten, in denen mal ein paar Außerirdische „erwiesenermaßen" auf der Erde waren, mal in einem altägyptischen Tempel schon die erste Glühbirne abgebildet ist. Und selbstverständlich waren es die Außerirdischen, die den alten Ägyptern die Glühbirne bescherten, damit ihnen auch einmal ein Licht aufging.

Und noch Moses und Jesus von Nazareth haben von den Ägyptern viel geheimes Wissen erlernt, so dass die Auferstehung des Jesus von Nazareth technisch möglich wurde. Aber auch solche Geschehnisse wie die wunderbare Brotvermehrung oder das Gehen auf dem Wasser sind nun erklärbar: In einem Hinterhof von Kana stand eine Fertigungsstraße für Brot und Wein, die schnell und kostengünstig die geforderten zusätzlichen Mengen produzieren konnte. Und das so genannte „Gehen" auf dem Wasser ist nun auch leicht erklärbar: Jesus fuhr Wasserski.

Lassen wir einmal die Polemik zur Seite, und erlauben Sie mir wenigstens einen eigenen Ansatz zu einem Bestseller:
Nehmen wir dazu eine der bedeutendsten philosophischen Äußerungen unserer Zeit. Er stammt aus der Fußballszene und lautet:
     „Der Ball ist rund."
Die nächste unbestreitbare Tatsache, zumindest aus irdischer und heutiger Perspektive, lautet
     „Die Sonne ist rund."

Die logische Schlussfolgerung lautet:
     „Auch die Sonne ist ein Ball."
Weiterhin wissen wir, dass es in Südamerika bereits in vorkolumbianischer Zeit rituelle Ballspiele gab, die, im wahrsten Sinne des Wortes, auf den Sonnenlauf anspielten. Im nächsten Schritt werden wir feststellen, dass viele Südamerikaner gute Fußballer sind. Was liegt dann näher als daraus zu schließen, dass Fußball in Wahrheit der okkulte Sport einer verschworenen Gemeinschaft von Anhängern eines Sonnenkultes ist. Damit dies nicht auffällt, wurde dieser Kultbetrieb als Volkssport getarnt. Seien Sie also gewarnt: „Die Fußballer sind unter uns." Da wir nun den wahren Sinn des Fußballs erkannt haben, entdecken wir mühelos weitere „Beweise" für unsere Theorie: So findet der Großteil der Spiele vor dem Tag statt, der Sonntag heißt. Wir haben es hiermit also tatsächlich mit einer rituellen Vorbereitung auf den heiligen Tag der Sonne zu tun. ...

Dieses Spiel könnte ich immer weiter führen und so einen harmlosen Sport zur sakralen Handlung hochstilisieren. Sie können mein Beispiel aber nur deswegen als Unfug abtun, weil Sie über Fußball in der Regel mehr wissen als über einige Epochen und Denkmäler vergangener Kulturen.

Sinn und Gestalt der Pyramiden

Sie haben Recht: Es hat ein bisschen gedauert, bis wir zu dem Punkt kommen, um den sich die meisten Theorien ranken. Aber die eine oder andere Vorüberlegung war für die folgenden Betrachtungen notwendig.

Eigentlich ist es unverständlich, warum so viel Aufhebens um den Sinn der Pyramiden gemacht wurde, denn die altägyptischen Texte sind absolut eindeutig – die Pyramide ist die Treppe für den Himmelsaufstieg des Königs:

„Er steigt auf zu seinem Lichtland, entfernt sich zum Himmel und vereinigt sich mit dem Sonnengott, der ihn geschaffen hat", so lautet eine der Standardformulierungen, die das Ableben des Pharao beschreiben. Wird im Christentum der Erlöser bei der Himmelfahrt „entrückt" oder reitet im Islam Mohammed mit seinem Pferd in den Himmel, so spricht der Bau einer Himmelstreppe (in Form einer Pyramide) wieder einmal für den Pragmatismus, den die Ägypter auch in religiösen Dingen an den Tag legten.

Zur Zeit des alten Reiches gab es vor allem die Vorstellung, der König als Sohn des Sonnengottes Re steige nach seinem Tod zu seinem „himmlischen Vater" empor. Eine weitere Vorstellung besagte, dass er zu einem der Circumpolar-Sterne, die Ägypter nannten sie die Unvergänglichen, wurde. Es gab daher für die Ägypter das Problem, den toten König im wahrsten Sinne des Wortes in den Himmel zu befördern. Dies geschah durch Rituale und Beschwörungsformeln[44], die seinen Aufstieg beschreiben und magisch unterstützen sollen: Der König steigt auf als Falke, als Skarabäus, als Heuschrecke, als Naturereignis (wie Wind und Wolken), aber auch rein körperlich über eine Leiter, Rampe oder Treppe. D.h. man wollte sich bei dieser Himmelfahrt ganz sicher sein, dass der König auch oben ankommt. Deswegen bauten die Ägypter die Königsgräber, die Pyramiden selbst, als Treppen, auf denen die Könige zum Himmel aufstiegen. Dass die Pyramiden nach der Dritten Dynastie keine „echten" Himmelstreppen mehr waren, sondern die glatte Verkleidung einen richtigen Aufstieg verhinderte, hat offenbar nicht weiter gestört.

Damit sich der König auf seinem Weg in den Himmel nicht „verlief", lag der Eingang (und Ausgang) immer auf der Nordseite der Pyramide.

Um ganz sicher zu gehen, wurden den Königen auch richtige Schiffe mitgegeben, die auf dem neuesten Stand der damaligen Technik waren.[45] Mit ihnen konnte der Pharao entweder in den Himmel hinauffahren oder gemeinsam mit dem Sonnengott Re auf dem „Himmelsgewässer" entlangschippern. Es wurde wirklich nichts unversucht gelassen, diesen Himmelsaufstieg dem König auch physisch zu ermöglichen. Auf unsere Zeit übertragen hieße das: man würde unsere Staatsoberhäupter nach ihrem Ableben zusammen mit einem Spaceshuttle begraben.

Blick zurück: Aus dem Leben des Bauern Faj

Lassen Sie uns zum Abschluss eine kleine Zeit- und Gedankenreise in die Zeit des Pyramidenbaus unter Pharao Cheops unternehmen. Eine zwar fiktive Geschichte, wie sie sich aber aus den altägyptischen Quellen tatsächlich rekonstruieren lässt.[46] Stellen wir uns einen gewöhnlichen Bauern vor, wir wollen ihn Faj nennen, der dort für die Dauer der Überschwemmungszeit beim Pyramidenbau seinen Dienst tut. Wir wollen ihn ein Weilchen beobachten:[47]
Es ist noch dämmrig, selbst von den Eseln ist noch kein I-ah zu hören. Doch unser Faj schreckt fluchend aus seinem Schlaf hoch: „Du dämlicher Cheper-Käfer! Du gehörst in Steine gemeißelt in den Tempel oder aus Ton geformt an ein Amulett, aber verdammt noch mal nicht in mein Ohr!" Was war passiert? Ein Skarabäus, ein Mistkäfer, ein Tier, das als Symbol der Wiedergeburt an Tempelwänden abgebildet und auch als Amulett getragen wurde, war in das Ohr des am Boden schlafenden Bauern gekrochen und hatte ihn ziemlich unsanft geweckt. Faj, ein Mann aus der im Nildelta gelegenen Siedlung Iu-Snofru, hatte in seinem nach heutigen Angaben 50 km entfernten Dorf seine Kopfstütze vergessen. Auf diesen ca. 20 cm hohen Ständer legten die auf dem Boden schlafenden Ägypter ihren Kopf, damit am Boden herumlaufendes Ungeziefer nicht in Mund, Nase oder Ohren krabbelte.

Faj steht, immer noch vor sich hin fluchend, leise auf. Er verlässt die aus Papyrusbündeln errichtete Laubhütte, in der auch die übrigen Männer seines Dorfes schlafen.[48] Und so können wir ihn im Dämmerlicht des beginnenden Morgens näher betrachten:

Er ist ein Mann von mittlerer Größe (ca. 1,65 m) und um die 20 Jahre alt. Sein Kopf ist kurz geschoren. Faj trägt nicht mehr als einen Lendenschurz aus grobem Leinen, den er später bei der Arbeit, um ihn zu schonen, auch noch ablegen wird. Um seinen Hals baumelt ein Amulett, das wir im noch trüben Licht nicht genau erkennen können.

Er schlendert vorbei an den Behausungen der anderen Arbeiter, die wie er zum Steintransport eingeteilt sind. Es ist der erste Monat der Überschwemmungsjahreszeit, und beinahe das gesamte Ackerland ist vom Wasser überdeckt. Das erleichtert den Steintransport aus den Steinbrüchen vom anderen Flussufer erheblich. Auch sind die Steine unten vom Wasser bis zur Pyramide eine wesentlich kürzere Strecke zu ziehen als in der trockenen Jahreszeit.

Früher, als Kind war dies für ihn die eintönigste Jahreszeit: Die Felder waren überflutet und die arbeitsfähige männliche Bevölkerung war schon damals weit entfernt beim Pyramidenbau. Dies war aber auch von Vorteil – die Männer wurden dort verpflegt, und so konnte man so manchen Scheffel Getreide für schlechtere Zeiten sparen.

Nun ist er selbst dabei und zieht die Steine über die Rampe hinauf zur immer höher werdenden Pyramide. Keine leichte Arbeit, aber das Feld zu pflügen und zu bestellen ist auch nicht viel einfacher, und die eine oder andere Sonderration an Getreide kann er gut gebrauchen – schließlich hat er eine Frau und drei Kinder. Ein viertes ist bereits unterwegs.

Außerdem, die halbe Bevölkerung seines Dorfes ist da. Was soll er dort, wenn hier seine ganzen Freunde sind, mit denen er am Feierabend dann ein Bierchen trinken kann? Was würde er alles erzählen können, wenn er wieder zu Hause ist? Das Neueste aus der Hauptstadt, von Expeditionen, die weit nach Süden vorgestoßen waren, davon, wie viele Steine sie diesmal mehr transportiert hatten als die Leute vom Nachbardorf Iu-Huni – ein Wettstreit, der schon seit dem Baubeginn bestand. Oder man wird über die neuesten Missgeschicke des Dorftölpels Nedsches witzeln, der eher dazu beitrug, dass die Pyramide kleiner als größer wurde. Aber ohne ihn hätten sie längst nicht so viel zu lachen.

Sein Blick fällt auf die großen Transportschlitten, auf denen schon die ersten Steine des heutigen Tages vertäut sind. Er überprüft die Seile, erst gestern hat sich ein Stein etwas gelöst. Dann geht er zurück zu seinen Leuten, denn inzwischen ist es hell geworden und ein neuer Arbeitstag beginnt.

Wir wollen Faj, der, wie wir erfahren haben, ohnehin nicht bester Laune ist, lieber seinen morgigen Spaziergang allein beenden lassen und ihn nicht länger von der Arbeit abhalten. Schließlich wird er noch zehn Überschwemmungszeiten lang beim Bau der Pyramide mitarbeiten müssen, und wir wollen uns noch anderen Themen widmen.

Hatten die Ägypter eine Seele?
Ja. Genauer gesagt fünf: Ka, Ba, Ach, Schatten und der Name machten die Persönlichkeit ihres Trägers aus.

Selbst wir haben ja schon Schwierigkeiten, die menschliche Seele zu definieren, geschweige denn nachzuweisen[49]: „Wer bin ich, und wenn ja, wie viele?" ist ein Kernzitat aus einem Film, der ein Berliner-WG-„Idyll" der 80er Jahre beschreibt.[50] Diese Frage, von ihrem ironischen Ansatz einmal abgesehen, kann durchaus am Anfang einer Suche nach der Seele stehen.

Die Ägypter, flexibel wie sie waren, wussten darauf gleich mehrere Antworten. Das Erleben der eigenen Persönlichkeit, die Hoffnung auf deren Unzerstörbarkeit ist eben nicht einfach. Die Ägypter nähern sich diesem Problem nach ihrer Art von mehreren Seiten mit dem Ziel an, etwas zu erfassen, das schwer zu begreifen ist.

Die Begriffe **Ka, Ba, Ach, Schatten** und **Name** stehen für diesen Lösungsansatz:

Ka
„Was du ererbt hast von deinen Vätern, erwirb es, um es zu besitzen" heißt es schon bei Goethe.

Der Ka beschreibt weniger den individuellen Charakter des Menschen sondern steht mehr für seine Lebenskraft und ist daher übertragbar.

Der Ka ist das positive Erbgut des Vaters, dass er an seinen Sohn weitergibt. Das ist nicht allein genetisch zu verstehen.

Der Ka des Sohnes wird auch geformt und geprägt durch all das, was sein Vater im Rahmen der Erziehung und Ausbildung an ihn weitergibt.

Der Ka ist das Bindeglied zwischen Vater und Sohn, zwischen den Generationen einer Familie. Ein bisschen entspricht dies hier auch unserer Vorstellung, dass die Eltern in ihren Kindern weiterleben.

Der Ka steht für die Kraft und Macht eines Mannes (die er von seinem Vater erhalten hat).

Der Ka wird entweder mit einer Hieroglyphe in Form einer Umarmung dargestellt oder sogar als „Double" des Verstorbenen. Er steht in manchen Grabdarstellungen sogar direkt neben ihm.

Ba

Der Ba wird gerne einmal mit „Seele" übersetzt, bezeichnet aber eben nur einen einzigen Bestandteil einer Persönlichkeit.

Beim König ist der Ba schon zu Lebzeiten vorhanden und beschreibt seine Macht als Sohn eines Gottes.[51]

Beim Privatmann ist dieser Aspekt des Ba nicht enthalten:

Der Ba umfasst am ehesten den individuellen Charakter eines Menschen.

Der Ba löst sich nach dem Tode vom Körper des Verstorbenen und kann in das Jenseits fliegen oder aber auch den Grabschacht hinauf in das Reich der Lebenden.

Der Ba ist das flexible, individuelle Element einer Persönlichkeit und wird in den Gräbern meist als Vogel mit Menschenkopf dargestellt. Er ist es auch, der in den Körper des Verstorbenen immer wieder zurückkehren muss, um neue Kraft zu tanken. Deshalb entstand auch die Sitte der Mumifizierung, um dem Ka diese Rückkehr in den Körper zu ermöglichen.

Ach

Der Ach ist der „Verklärte", der mächtige Tote, in den sich der Verstorbene verwandeln kann.

Der Ach ist mehr ein Zustand als ein direkter Bestandteil der Persönlichkeit des Toten.

Jeder Verstorbene strebt danach, zum mächtigen Ach zu werden und so seine Existenz im Jenseits fortzusetzen.

Der Ach kann aber auch der ruhelose Geist des Toten sein.

Der Ach ist der Rachegeist, der die lieben lebenden Verwandten heimsucht, wenn diese z.B. zu seinem Ableben beigetragen haben oder aber ihrem Verstorbenen nicht geopfert haben.

Schatten

Der Schatten ist mehr eine Gestalt, eine Erscheinungsform, die der Tote annehmen kann.

Der Schatten hat (im Grunde) wenig „Eigenleben" und tritt eher mit Ba oder Ach auf.

Der Schatten ist, überspitzt formuliert, eine gemeinsame Form in der der Ba oder der Ach des Toten von den Hinterbliebenen erkannt werden kann.

Der Schatten wird als menschlicher Umriss mit einem Auge dargestellt.

Name

Der Name ist unmittelbarer Bestandteil einer Person, verweist auf sie und unterscheidet sie von anderen.

Der Name ist deshalb das entscheidende Element, das einer Inschrift, Darstellung oder einer Statue die unverwechselbare Identität verleiht.

Die Bedeutung, die selbst unsere Kultur einst dem Namen beimaß, ist heutzutage zu Sätzen in Krimis wie „Ich will die Namen wissen" verflacht. Heute ist es schon eher schick, sich ein Pseudonym zuzulegen oder im Rahmen einer Kronzeugenregelung eine neue Identität mit neuem Namen anzulegen. Lediglich Märchen wie Rumpelstilzchen erinnern uns „aufgeklärte" Menschen des 21. Jahrhunderts, wie lebenswichtig es einst sein konnte, den Namen einer Person oder einer Macht zu kennen. Nur dadurch war man in der Lage, sich z.B. wirkungsvoll vor dieser zu schützen oder ihr selbst Schaden zuzufügen.

Königsname

Der Königsname stellt insgesamt eine Art Regierungsprogramm oder, salopp formuliert, die aktuelle Stellenbeschreibung des Königs dar.

Der Königsname besteht aus fünf Einzelnamen. Sie beschreiben den Charakter des Königtums des jeweiligen Königs in den unterschiedlichsten Zusammenhängen.

Königsnamen (oder Namensbestandteile) konnten im Laufe der Regierungszeit gewechselt werden, um auch einen Wechsel des Herrschaftsprogramms anzudeuten. So wandelte Amenophis IV. seinen Namen um in Echnaton – dem Aton wohlgefällig. Einer seiner Nachfolger wiederum änderte seinen Namen von Tutanchaton, „Lebendes Abbild des Aton", in Tutanchamun, „Lebendes Abbild des Amun", um eine Rückkehr zu der alten Ordnung vor Echnaton zu dokumentieren.

Schlussfolgerung

Kommen wir zurück zu unserer Ausgangsfrage „Hatten die Ägypter eine Seele?" so lässt sich diese jetzt eindeutiger beantworten. Die Ägypter kannten keine Seele in unserem heutigen Sinne. „Seele" setzt voraus, dass der Mensch zum einen aus einem Körper und zum anderen aus Geist besteht. Diese Annahme wurde aber erst von den griechischen Philosophen entwickelt und von unserer christlichen Kultur übernommen. Unsere Seelenvorstellung entstand erst nach dem Ende der ägyptischen Kultur. Nach ägyptischer Vorstellung bildete der menschliche Körper eine Einheit mit seinem Wesen. Es wäre daher eigentlich präziser, nicht von Seele, sondern von Persönlichkeit mit ihren Ausformungen Ka, Ba, Ach, Schatten und Name zu sprechen.

Sprechen wir aber von Persönlichkeit, betreten wir erneut ein „heißes Pflaster". Ein Zitat aus dem grundlegenden ägyptologischen Artikel hierzu mag das verdeutlichen:
„Die Sprachfundiertheit dieses Selbst-Bewusstseins und seine Soziogenese in der intersubjektiven Spiegelung der Sozialbeziehungen machen Personalität zu einem historischen Phänomen, das im Zusammenhang mit dem spezifischen Sozialsystem und dem kulturellen System einer Epoche gesehen werden muss."[52]
Alles klar? Mir auch nicht – macht aber nichts.

Gab es Wahrheit im Alten Ägypten?

Jain. Das Wort Maat, das gerne mit „Wahrheit" übersetzt wird, gehört zu den zentralen Begriffen der ägyptischen Vorstellungswelt. Ist etwas wahr, so entspricht es unserer Vorstellung nach der Realität. Wahrheit ist für uns mediengewohnte ein Ideal: Egal ob es um politische Wahrheiten, die Wahrheit über Prince Charles und seine Camilla oder um ein Bier geht, das als „das einzig Wahre" beworben wird.

Maat hingegen ist als Wertmaßstab aus heutiger Sicht eine Mischung aus Knigge, BGB und Tradition. Die Maat ist das moralische Ideal, das der Ägypter an sich anstrebte. Ob er sich der Maat gemäß im Diesseits verhalten hat, ist entscheidend für die Aufnahme des Verstorbenen ins Jenseits oder seinen ewigen Tod. Der König wird sogar als „Hüter der Maat" bezeichnet.

Was aber ist die Maat?
Die Maat ist die ideale Ordnung Ägyptens und damit der Welt. Sie war da von Anbeginn der Schöpfung. Die zentrale Aufgabe des Königs war es, als „Hüter der Maat" die Maat zu erhalten. Das bedeutet:
Der König hat immer Recht.
Ägypten ist das einzige gelobte Land.

Es gibt für die Ägypter keine Entwicklung zu einer besseren Welt, zu einem gelobten Land, sie waren ja bereits schon perfekt und mussten es nur noch bleiben. Es ist z.B. überhaupt nicht wichtig, ob es eine Reichseinigung von Ober- und Unterägypten gegeben hat. Die beiden Länder gibt es einfach, so wie es die Maat gibt, und damit basta. Auch waren Ausländer meist dumm, feige und ungebildet. So war es schon immer, so entsprach es der Maat. Kleine Schönheitfehler in dieser Selbstverliebtheit, wie die Tatsache, dass man z.B. zu Beginn des Neuen Reiches von den „dummen" Vorderasiaten die komplette Waffentechnologie übernahm, wurden offiziell ignoriert. Auch haben wir einige Belege dafür, dass Ausländer aus dem Süden oder Norden in Ägypten sogar Karriere machten. Getreu nach dem Motto: „Ich habe nichts gegen Fremde, einige meiner besten Freunde sind Fremde – aber diese Fremden sind nicht von hier!"[53]
Es konnte daher auch gar keine Geschichtsschreibung geben. Setzt eine Geschichtsschreibung doch den Wunsch voraus, eine Entwicklung (möglichst zum Positiven) zu dokumentieren. Das war aus ägyptischer Sicht aber absolut überflüssig, hatte man doch den maatgerechten Idealzustand bereits von Anfang an erreicht.[54] Wie sollen wir überhaupt die uns erstrebenswert erscheinende Wahrheit

über die Ägypter herausfinden, wenn dieses Volk selbst alles daran
setzte, möglichst maatgerecht zu erscheinen?

Wie erlernten die Ägypter die Maat?

Zum einen nahmen sie die Maat, wie wir christliche Werte (Tole-
ranz, Nächstenliebe, Selbstachtung etc.), mit der Muttermilch auf.
Es gab niemals den Schrei nach Wahrheit oder die Forderung nach
neutraler Berichterstattung. Die Maat als Weltanschauung war
einfach anerzogen. Hierauf bauen auch die so genannten Weisheitslehren auf, die an Beispielen deutlich machten, was richtiges,
maatgerechte Verhalten auch sein konnte:

**"Krümme deinen Rücken vor deinem Vorgesetzten, der dir vorsteht im
Staatsdienst, dann wird dein Haushalt mit seinem Reichtum Bestand
haben"**,[55] lautet einer der Ratschläge, der nicht gerade in unser
heutiges Idealbild vom kooperativen Führungsstil passt. Aber es
gibt auch heute noch genügend Beispiele für angepasste Ja-Sager,
die Karriere gemacht haben.

Eigentlich ist die Maat die absolute Quintessenz der ägyptischen
Kultur, die wir durchschnittlichen Mitteleuropäer wahrscheinlich
ebenso wenig begreifen werden wie Ying und Yang oder aber die
eigene Stromrechnung.

Wie funktionieren Hieroglyphen?

Hieroglyphen – „Heilige Zeichen" ist die Bezeichnung, die die
Griechen für die Schrift der Alten Ägypter gewählt haben, die sich
aus Vögeln und vielen Gegenständen und Teilen des täglichen
Lebens zusammensetzt. Diese Bezeichnung ist naheliegend, fanden
sich doch die meisten Hieroglyphentexte an heiligen Orten, auf
Grab- und Tempelwänden. Dennoch ist sie eher ein Produkt der
schon unter den Griechen betriebenen mystischen Verklärung der
altägyptischen Kultur. Sie trug erheblich zu übertriebenem Respekt
gegenüber diesem für uns ungewohnten Schriftsystem bei. Dass
ellenlange Stelentexte sich häufig nur zu den drei Inhaltsworten
Bla, Bla und Bla zusammenfassen lassen, ist eine Realität, die wieder einmal gar nicht in unser Bild von einer hoch stehenden Kultur
passen will. Die Hieroglyphen waren eher eine offizielle als eine
heilige Schrift. Alles, was einen gewissen Öffentlichkeitscharakter
besaß – von Beischriften bei Kultdarstellung über Beamtentitel

und -biographien bis hin zu den auch heutzutage nicht sonderlich inhaltsschweren Regierungserklärungen wurde in Hieroglyphen an mehr oder minder öffentlich zugänglichen Orten niedergeschrieben.

Neben den Hieroglyphen gab es noch das Hieratische, „die heilige Schrift", die noch um einiges unheiliger war als die Hieroglyphen. Hieratisch war die Schreibschrift, die sich mit den Hieroglyphen entwickelt hatte. Sie war leichter und schneller zu schreiben und wurde hauptsächlich im Alltag bei Gerichtsakten, Briefen, Getreideabrechnungen etc. benutzt. Die Griechen nannten diese Schrift wohl nur heilig, weil sie mit ihr noch weniger anfangen konnten als mit den Hieroglyphen.

Wie aber entwickelte sich eine Schrift, die eher einem frühen Vorläufer des Comics ähnelt als einer Widergabeform für bestimmte Lautwerte?
Das Prinzip ist so genial wie einfach: Wollen Sie das Wort Ei „schreiben", so malen Sie einfach ein Ei. Vielleicht möchten Sie auch noch das Wort Meer schreiben, dann malen Sie einfach drei Wellenlinien untereinander. „Schreiben" Sie jetzt beide Worte nebeneinander, so erhalten Sie ein völlig anderes Wort Ei + Meer = Eimer. Dieses Prinzip, auch Rebusprinzip genannt, ist das Grundprinzip, nach dem die Hieroglyphenschrift aufgebaut ist: Ich nehme die Darstellung eines Gegenstandes mit einem bestimmten Lautwert, kombiniere diesen dann mit einem anderen Gegenstand eines anderen Lautwertes. So kann ich dann Worte schreiben, die mit den dargestellten Gegenständen nicht mehr das Mindeste zu tun haben.

Es gibt nur ein kleines Problem: Das Altägyptische gehört zur semitischen Sprachfamilie, in der Konsonanten (z.B. b, c, d) eine weit größere Bedeutung haben als Vokale (a, e, i, o, u).Daher werden auch nur Konsonanten oder Halbkonsonanten (z.B. j) geschrieben. Die Konsonantenfolge m-r kann, um im Beispiel zu bleiben, Eimer oder Meer heißen. Um eindeutig zu werden, wird am Wortende ein Deutzeichen, ein so genanntes Determinativ, gesetzt. Es hat selbst keinen Lautwert und soll andeuten, aus welchem Themenbereich das geschriebene Wort stammt. Beispielsweise kann die altägyptische Konsonantenfolge g-r-g sowohl „lügen" als auch „ein Bauwerke gründen/errichten" heißen. Nur durch ihre unterschiedlichen Deutzeichen konnten die Ägypter erkennen, aus welchem Wortfeld das Wort stammt, und es dann in der Aussprache um die fehlenden Vokale ergänzen.[56] Noch eine weitere wichtige Funktion haben die Determinative: Sie geben das Wortende an. Recht nützlich in einem Schriftsystem, das sonst ohne Satzzeichen auskommt.

Die Tatsache, dass in der Regel nur Konsonanten geschrieben wurden, erklärt auch, warum unterschiedliche Aussprachen und Schreibungen für die gleichen Personen vorkommen. Einmal heißt der König Tutanchamum ein anderes Mal Tutenchamun. Beides entspricht nicht der tatsächlichen Aussprache. In der Regel hat sich für die Namen und Texte eine Kunstaussprache eingebürgert, die wir zum Teil sogar schon von den Griechen übernommen haben. Die tatsächliche Aussprache von Namen festzustellen, ist extrem aufwändig und schwierig. Dennoch sollen zwei recht sichere Beispiele deutlich machen, wie stark unsere Aussprache von der tatsächlichen abweichen kann:

Kunstaussprache	**„echte" Aussprache**
Tutanchamun	Twati-anach-amana
Meritaton	Majate

Bei aller Abstraktion und Verwendung von bilderähnlichen Zeichen als Lautzeichen, war den Ägyptern das Rebusprinzip, als Grundgedanke und bildhafter Ursprung ihrer Schrift, immer bewusst. Es wurde sogar so gezielt eingesetzt, dass die Grenzen zwischen Schrift und Darstellung, besonders im religiösen Bereich, verschwimmen konnten:

Wird ein Personenname geschrieben, so muss je nach Geschlecht des Benannten am Namensende immer eine sitzende Frau oder ein sitzender Mann als Deutzeichen stehen. Es sei denn, dieser Name steht direkt neben einem Bild des Namensträgers. Dieses Bild dient dann gleichzeitig als Namensdeterminativ. So lässt sich auch erklären, warum sich bei Personennamen auf Statuen nicht immer Deutzeichen für den Namensinhaber finden, denn die Statue selbst diente hier als Determinativ.

Es verwundern dann eben sowenig Darstellungen, in denen jemand vor dem Namen eines Königs oder einer Gottheit opfert. Zwar hätte man genauso gut statt des Namens eine „richtige" Darstellung von Gott oder König anbringen können, vielleicht aber war einfach nicht genügend Platz dafür da, oder der Steinmetz konnte besser Hieroglyphen als große Darstellungen, oder es sah im beabsichtigten Zusammenhang einfach besser aus.

Dieser spielerische Umgang mit der eigenen Schrift, die manchmal mehr Bild als Wort ist, erklärt dann auch, warum wir auf den Grab- und Tempelwänden immer wieder ähnliche Darstellungen finden, als stammten die Bilder alle aus demselben Versandhauskatalog.[57]

Vielmehr lassen sich die Darstellungen auch als eine Art große Hieroglyphen für einen komplexen Sachverhalt verstehen und weniger als Abbildung konkreter Handlungen.[58]

Wie geht es weiter?

Gar nicht, wenn Sie nicht wollen. Ich bin mit meinem Teil des Dialogs fertig. Wenn Sie Lust haben, antworten Sie mir unter

pharaonengefluester@web.de

Christian Dingenotto
Hannover, Mai 2001

Anhang

Ägyptologie im Internet – eine Auswahl

Es gibt mittlerweile einige sehr brauchbare Websites, mit nur einem Haken: Sie sind praktisch alle auf Englisch. Die deutschsprachige Ägyptologie hat hier noch massiven Nachholbedarf und auf die französischen Websites habe ich der Übersichtlichkeit halber verzichtet.

http://www.geocities.com/Athens/Parthenon/6019/intpriv.htm
deutsch
site von *Orell Witthuhn*
Sehr hilfreich für die eigene Recherche, mit vielen Links zu Museen, Instituten, Topographie des Landes und privaten Internet-Seiten, die sich mit dem alten Ägypten beschäftigen.

http://www.ccer.ggl.ruu.nl/ccer/
englisch
Website des *Centre for Computer-aided Egyptological Research (CCER)* in Utrecht. für Ägyptologen. Mit QTVR-Ansichten, Bestellmöglichkeiten von digitalen Museumskatalogen, Hieroglyphenfonts, Verzeichnis ägyptologischer Museen, Institute, etc.

http://showcase.netins.net/web/ankh/eefmain.html
englisch
Website des Egypt Exploration Fund – EEF (Hauptorganisation britischer Ägyptologen), Möglichkeit, sich bei der EEF-Mailing-Liste anzumelden, mit direktem Zugriff auf die aktuellen ägyptologischen Diskussionen und Empfang des EEF-Newsletters, sehr gut für Ägyptologen und solche, die es werden wollen.

http://www.ees.ac.uk/
Website der Egypt Exploration Society - EES (eng verbunden mit dem EEF), besonders interessant das „Digging Diary" mit Überblick über die aktuellen Ausgrabungen des EES in Ägypten

http://www.kemet.org/
englisch
Die Webseite der modernen Anhänger der altägyptischen Religion, aus meiner Sicht ein amüsanter Blick in die Abgründe der Ägyptenbegeisterung.

http://ce.eng.usf.edu/pharos/
englisch
sehr nützliche Linkliste zu Ägypten allgemein, sortiert nach Rubriken wie „Art, Culture and Tradition" oder „Egyptology" oder „Travel and Tourism", etc.

http://www.egyptology.com/
englisch
Website von Greg Reeder, sehr schön gestaltete Site mit vielen interessanten Inhalten, ideal zum Stöbern für „Einsteiger".

http://www.egyptology.com/kmt/

englisch
Website von KMT, der besten populärwissenschaftlichen Zeitschrift zum Thema Altes Ägypten, die ich kenne. Enthält Themenübersicht der vergangenen Ausgaben und Bestellmöglichkeiten.

http://www.ptahhotep.com/
englisch
Website von Francesca Jourdan
Sehr brauchbare kommentierte Online-Literaturliste, sortiert nach Kategorien mit direkter Bestellmöglichkeit.

http://dalmatia.net/lupic/egypt/index.htm
englisch
Website von Jack Lupic, mit guter thematisch sortierter Linkliste zum Alten Ägypten.

http://www.geocities.com/Athens/Crete/3102/index.htm
englisch
Website von Marianne Luban, sehr schön zum „Stöbern" für interessierte Laien, z.B. mit einer Ahnengalerie der Pharaonen des Neuen Reiches.

http://www.multimania.com/projetegypte/arguments.htm
französisch
Website von Pietro Testa, sehr schöner Überblick über Pyramiden und (Grab-) Architektur des Alten Reiches und detaillierten Informationen zu den einzelnen Bauten. Der Vorteil der Website ist auch gleich ihr Nachteil, die sehr guten, aber (vom Datenformat) großen Bilder und Computeranimationen sind nur empfehlenswert für Surfer, deren Modem wesentlich schneller ist als meins. Sehr schön auch die Liste mit den Namen der einzelnen Pyramidenkomplexe.

THEBEN WEST

http://www.kv5.com/intro.html
deutsch und englisch
Website des Theban Mapping Projekt, eine der besten ägyptologischen Websites, die es gibt, für Fachleute und Interessierte. Ziel des Projektes war es, den gesamten Gräberbestand in Theben West erstmals richtig zu kartieren. Es sind eine Fülle von Informationen über die einzelnen Gräber online abrufbar, einschließlich von 3D-Darstellungen, Animationen etc. Besonders intensiv wird über KV5, das Grab für die Söhne Ramses´ II. berichtet.

TUTANCHAMUN

http://www.inetsonic.com/kate/tut/Layers/layers.html
englisch
Website von Katherine Mann, sehr schön zum Stöbern für Einsteiger, mit spezieller Linkliste zur Amarna-Zeit.

Ägyptologie für Unermüdliche: kommentierte Literaturempfehlungen

Sicher es gibt Unmengen von Literatur über das Alte Ägypten und jeder hält einen anderen Teilaspekt für zentral. Dennoch habe ich mir erlaubt, eine kleine Auswahl meiner „Lieblingsbücher" zu treffen. Ziel ist es, Ihnen hier einen Grundeinstieg in das Thema zu vermitteln und Sie nicht mit Einzelthemen zu langweilen. Deswegen sind manche Bücher schon älteren Jahrgangs, haben aber den Vorzug, die Zusammenhänge weit deutlicher aufzuzeigen als meistens in der jüngeren Fachliteratur üblich. Ich habe mich bemüht hauptsächlich deutsche Literatur anzugeben. Manchmal jedoch kommt man an englischer Literatur nicht vorbei. Die englischsprachige Ägyptologie ist meist weniger verkopft, und selbst die reinen Fachbücher sind für den Laien lesbar und verständlich.

Dieter Arnold, Die Tempel Ägyptens, Bechtermünz Verlag im Weltbild Verlag GmbH, Augsburg 1996, ISBN 3-86047-215-1
Arnold *ist Architekturspezialist und ein absoluter Kenner im Bereich Dekoration und Tempelarchitektur.*
-> Eine schöne, gut verständliche Einführung in das Thema mit guten Fotos und Erläuterungen.

Jan Assmann, Ägypten - Theologie und Frömmigkeit einer frühen Hochkultur, Verlag W. Kohlhammer Druckerei GmbH, Stuttgart/ Berlin/ Köln/ Mainz 1984 (Urban-Taschenbücher, Bd. 366), ISBN 3-17-008371-6
Assmann *ist der „Papst" auf dem Gebiet der ägyptischen Religion. Für ein tief gehendes Verständnis der ägyptischen Religion geht kein Weg an ihm vorbei. Leider, denn die meisten seiner Bücher bestehen aus einem unglaublichen Fachchinesisch, ohne theologische Vorbildung und Leidensfähigkeit werden Sie wenig Freude an der Lektüre seiner wirklich ausgezeichneten Arbeiten haben.*
-> Das Buch ist das grundlegende Werk für die Ägyptische Religion. Leider ist es für den Laien fast unverständlich.

Jan Assmann, Ma`at – Gerechtigkeit und Unsterblichkeit im Alten Ägypten, C.H. Beck´sche Verlagsbuchhandlung (Oscar Beck), München 1990, ISBN 3-406-34667-7
-> Eines der verständlichsten Werke Assmanns und wieder ein echtes Standardwerk zum Thema Maat.

John Baines/ Jaromir Malek, Weltatlas der Alten Kulturen – Ägypten, Christian Verlag GmbH München 1980, ISBN 3-88472-040-6
-> Ein schöner, reich bebilderter Überblick über die Fundorte des Niltals mit gut lesbaren fundierten Texten und Karten.

Rainer Hannig, Die Sprache der Pharaonen, Großes Handwörterbuch Ägyptisch – Deutsch, 2. Auflage, Verlag Philipp von Zabern, Mainz 1997, ISBN 3-8053-1771-9
-> Das erste handliche, bezahlbare Wörterbuch für Hieroglyphen, etwas für den wirklich Ägypteninteressierten, der auch nicht vor dem Erlernen der Sprache zurückschreckt.

George Hart, Das Alte Ägypten (Sehen, Staunen, Wissen), Gerstenberg Verlag, Hildesheim 1991, ISBN 3-8067-4419-X

-> *Ein ausgezeichnetes „Kinderbuch", das jeder Erwachsene lesen sollte, der sich für die wesentlichen Zusammenhänge (vor allem im Alltagsleben) der Alten Ägypter interessiert.*

Wolfgang Helck/ Wolfhart Westendorf (Herausgeber), Lexikon der Ägyptologie, Verlag Otto Harrassowitz, 6 Bände 1975-1984
-> *Der vollständigste und direkteste Zugriff zu annähernd allen Themen der Ägyptologie. Die Qualität der Artikel ist, abhängig von den Autoren, sehr unterschiedlich. Scheuen Sie vor der Investition (mehrere tausend Mark) zurück, so verfügt jede öffentliche ägyptologische Sammlung, jedes Institut über ein Exemplar. Bei Fragen jeder Natur ist auch bei Ägyptologen immer der erste Schritt zum Lexikon der Ägyptologie und dann danach zur jüngeren Fachliteratur.*

Erik Hornung, Das Totenbuch der Ägypter, Artemis & Winkler Verlag, Düsseldor/Zürich 1998, ISPN, 3-7608-1201-3
Hornung *gehört ebenfalls zu den Religionsexperten. Seine Bücher, selbst die weniger populärwissenschaftlichen, sind alle sehr gut lesbar. von Hornung kann der Interessierte fast alles lesen. Besonders schön sind die von ihm übersetzten Texte. Er schafft es, die Schönheit der ägyptischen Sprache ins Deutsche zu übertragen, keine leichte Aufgabe.*
-> *Eine sehr schöne Übersetzung eines der Hauptwerke der ägyptischen Jenseitsliteratur, mit einer guten Einführung, etwas für den wahrhaft Interessierten.*

Erik Hornung, Gesänge vom Nil, Artemis Verlag, Zürich/München 1990, ISBN 3-7608-1040-3
-> *Eine Art „Best-of"-Sammlung ägyptischer Literatur, gut übersetzt (wie alles von Hornung), ein sehr schöner Zugang zur altägyptischen Kultur anhand von Originaltexten.*

Erik Hornung, Tal der Könige, Weltbild Verlag GmbH, Augsburg 1995, ISBN 3-89350-741-8
-> *Ein reich bebildertes Buch über die Königsgräber mit Schwerpunkt auf den geistesgeschichtlichen Hintergründen.*

Barry J. Kemp, Ancient Egypt, Anatomy of a Civilization, Routledge, London/New York 1989, ISBN 0-415-012813
Kemp *ist einer der ganz großen britischen Ägyptologen. Er verbindet seine ungeheure archäologische Erfahrung mit dem der britischen Ägyptologie sehr eigenen Ansatz, Zusammenhänge und Bezüge klar und verständlich darzustellen.*
-> *Ein faszinierendes Buch, mit neuen ganzheitlichen Einblicken in die ägyptische Kultur, einer der wenigen ganz großen Würfe der letzten 30 Jahre, für Interessierte mit durchschnittlichen Englischkenntnissen ein absolutes Muss.*

Mark Lehner,
Das erste Weltwunder, Die Geheimnisse der ägyptischen Pyramiden, ECON Verlag, München 1997, ISBN 3-430-15963-6
Lehner *forscht seit über zehn Jahren an den Großen Pyramiden von Gizeh. Er gehört zu den ersten, die sich intensiv mit Themen wie Baulogistik und archäologischem Umfeld des Pyramidenbezirkes beschäftigt haben.*
-> *Ein absolutes Muss nicht nur für jeden Pyramideninteressierten. Es enthält eine gut verständliche Beschreibung der gesamten Grabentwicklung bis zu den Pyramiden und darüberhinaus. Das Werk geht sogar kurz auf die Pyramiden des Reiches von Meroe ein, das nach dem eigentli-*

chen Ende der pharaonischen Kultur entstand. Die zahlreichen Rekonstruktionen und Computeranimationen schaffen auch ein lebendiges Bild von Techniken und Problemen des Pyramidenbaus. In einem glänzenden Rundumschlag räumt Lehner mit dem ganzen Unsinn auf, der je über Pyramiden geschrieben wurde und wahrscheinlich trotz seines Buches noch geschrieben werden wird.

Nicholas Reeves/ Richard H. Wilkinson, Das Tal der Könige – Geheimnisvolles Totenreich der Pharaonen, ECON Verlag GmbH, Düsseldorf 1997, ISBN 3-430-17664-6.
Reeves *und* **Wilkinson** *gehören auch zur „ersten Garde" der Ägyptologen, die die Kombination aus Fachkompetenz und gut verständlichen Erläuterungen bestens beherrschen.*
-> Das ultimative Buch zum Thema, mit Grabbeschreibungen und – beigaben, mit Plänen, 3D-Ansichten der Gräber, Biographien der Entdecker der Gräber, und, und, und. Das Buch von Hornung zum gleichen Thema bildet hierzu eine sehr schöne Ergänzung.

Thomas Schneider, Lexikon der Pharaonen, Deutscher Taschenbuch Verlag 1996, ISBN 3-423-03365-7
Schneider *ist ein Basler Kollege Hornungs und beherrscht wie er die Fähigkeit, wissenschaftlich korrekt, aber trotzdem für normale Sterbliche verständlich zu schreiben.*
-> Ein hilfreiches Buch für jene, die einen Pharaonennamen hören und schnell und fundiert die Antwort auf die Frage haben wollen „Wer war das noch mal gleich?". Er schreibt wesentlich „seriöser" als ich und gibt einen etwas trockeneren Einstieg in die historischen Entwicklungen. Ideal für diejenigen, denen mein Beitrag „Per Anhalter durch die Dynastien" etwas zu nassforsch war.

Matthias Schulz, Piraten im Sandmeer, Der Spiegel, Nr. 24/12.06.2000, S. 224 ff.
Schulz *ist Journalist. Ich kenne ihn nicht – er ist aber trotzdem gut.*
-> Ein glänzend recherchierter Artikel, der ein ähnliches Ansinnen hat wie dieses Büchlein: den Pharaonen die „Hosen runter zu ziehen" und sie endlich so darzustellen, wie es sich nach den Quellen rekonstruieren lässt, als sympathisches pragmatisches Völkchen, wie wir es auch sind. Es handelt sich um einen mit Fakten gespickten Rundumschlag, von dem ich glaube, dass er inhaltlich etwas zu stark verdichtet wurde, um von Interessierten schon nach dem ersten Lesen komplett erinnert zu werden. Mein Tipp: Vielleicht einfach öfter lesen.

Rainer Stadelmann, Die Ägyptischen Pyrpamiden, Vom Ziegelbau zum Weltwunder, Verlag Philipp von Zabern, Mainz 1985, ISBN 3-8053-0855-8
Stadelmann *ist ehemaliger Direktor das Deutschen Archäologischen Institutes Er war verantwortlich für einige Ausgrabungen um die Pyramiden des Königs Snofru in Dahschur (einige Kilometer südlich von Gizeh).*
-> Ein recht schöner Überblick über das Thema, etwas durchsetzt von einigen nicht klar belegbaren „Lieblingsideen" Stadelmanns, aber für den deutschsprachigen Raum die bekannteste Darstellung. Sie ist aber angesichts des neuen Buches von Lehner (siehe oben) veraltet.

Claude Vandersleyen (Herausgeber), Das Alte Ägypten, Propyläen Kunstgeschichte Band 17, Verlag Ullstein GmbH, Franfurt am Main/Berlin/Wien 1985, ISBN für das Gesamtwerk 3-549-05666-4
Vandersleyen *ist einer der Altmeister der ägyptischen Kunstgeschichte.*

-> Ein Klassiker über die ägyptische Kunst, der den großen Vorteil einer Altertumswissenschaft wie der Ägyptologie deutlich macht: Die Bücher veralten nicht ganz so schnell wie z.B. ein Pentium I von Intel mit dazugehörigem Handbuch. Die meisten Beiträge der durchgängig in der Ägyptologie bekannten Autoren haben auch heute noch Gültigkeit und sind ein solider und gut bebilderter Einstieg in die altägyptische Kunstgeschichte.

Kent Weeks, Ramses II. – Das Totenhaus der Söhne, Verlagsanstalt Th. Knaur Nachf., München 1999, ISBN 3-426-26968-6

Weeks ist, wie viele seiner britischen und amerikanischen Kollegen, nicht nur ein hervorragender Ägyptologe, sondern versteht auch eine ganze Menge von guter Öffentlichkeitsarbeit, siehe seine Website zu KV 5. Er leitet das Theban Mapping Project, in dem in den vergangenen zehn Jahren erstmals die archäologischen Stätten, auf dem thebanischen Westufer des Nils (im Umfeld des Tals der Könige) gegenüber der heutigen Stadt Luqsor, systematisch auf Karten erfasst wurden.

-> Ein vergnügliches und sehr lehrreiches Buch über die Entdeckung und Ausgrabung des „Familiengrabes" für die zahlreichen Söhne Ramses' II. Im Laufe seiner Arbeit für das Theban Mapping Project erforschte Weeks dieses Grab als erster gründlich und entdeckte in dem eigentlich schon bekannten Grab im Tal der Könige mit der nicht gerade romantischen Bezeichnung KV 5 ein weitverzweigtes Gangsystem, das auch in der breiteren Öffentlichkeit eine gewisse Beachtung gefunden hat.

Fußnoten

---

[1] Fußnoten sind in diesem Buch wortwörtlich zu verstehen: sie sind „für die Füße". Es sei denn, Sie gehören zu denjenigen, die alles ganz genau wissen wollen. Dann finden Sie in den Fußnoten den ein oder anderen interessanten Hinweis.

[2] In der Zeit Artus′, ca. im 7. oder 8. Jh., gibt es noch keine großen steinernen Festungen. Die entstehen erst ab dem 11. Jh.

[3] Wir alle haben in der Schule gelernt, dass Griechenland das Land der Demokratie ist. Das stimmt auch, wenn man es so definiert, dass dies sich auf einige wenige Stadtstaaten bezieht, mit vielleicht ein paar tausend Einwohnern, von denen die Privilegierten „Besserverdiener" ein Stimmrecht hatten. Diese hatten dann auch genug Zeit, sich der Philosophie zu widmen, denn die Arbeit erledigten ihre „Untergebenen", die selbstverständlich kein Stimmrecht hatten.

[4] Genauso wie selbst der absolute Atheist unbewusst bestimmte christliche Verhaltensmuster an den Tag legt, da er in einer christlich geprägten Kultur aufgewachsen ist.

[5] Ein Gerücht, das wir schon von den Griechen übernommen haben.

[6] Der Betreffende hat mit seinen unzähligen Büchern, die den Besuch von Außerirdischen in der Vergangenheit „beweisen", schon Millionen verdient. Eine Bestätigung dafür, dass echtes Wissen und Wahrheit nicht unbedingt reich machen.

[7] Auch in der ägyptologischen „Fachliteratur" der 30er und 40er Jahre finden sich einige „braune" Beiträge, die verzweifelt zu erklären suchen, wie sich die ägyptische Hochkultur und Herrenrasse ausgerechnet in Afrika entwickeln kann.

[8] Derartige Passagen finden sich leider heute noch in Schulbüchern, und dies ist eines der hartnäckigsten Vorurteile über die Ägypter.

[9] Über Jahrhunderte hinweg bildeten die Bodenschätze (Gold und Erze) und Rohstoffe (Elfenbein, Tierfelle, etc.) Nubiens, das in etwa dem Gebiet des heutigen Sudan entspricht, die zentrale wirtschaftliche Machtbasis Ägyptens. Die dortigen Stämme waren fest unter ägyptischer Kontrolle. Selbst Wanderbewegungen von nubischen Nomaden und Händlern in der Nähe der ägyptisch-nubischen Grenze wurden strengstens überwacht.

[10] Gerade in der Frauenbewegung der 70er und 80er Jahre wurde die ägyptische Kultur als „Paradebeispiel" für eine frühe Emanzipation benutzt. Die historische Wahrheit jedoch sieht etwas anders aus: Innerhalb von über 1500 Jahren ägyptischer Geschichte gibt es nur etwa drei Texte über die sich die angebliche Emanzipation der Frau halbwegs belegen lässt.

[11] Zitat aus der sog. Weisheitslehre des Amenemope

[12] Kaum ein Bestandteil der ägyptischen Kultur wurde von so viel Gerüchten umgeben wie das ägyptische Grab. Dies liegt unter anderem auch in unserer modernen Distanz zum Tod begründet, bedingt durch eine durchschnittliche Lebenserwartung von über 70 Jahren. War der Tod im Altertum etwas vollkommen Alltägliches, so ist er bei uns fast so etwas wie eine Ausnahme. Auch sorgt die Vorstellung von wiederauferstehenden Mumien für einen mehr als angenehmen Schauer. Bereits Anfang des 20. Jahrhunderts setzte Boris Karlov mit seiner Hauptrolle in „The Mummy" neue Maßstäbe. Und dieser Film ist schon eine Reaktion auf die Gerüchte rund um den so genannten Fluch der Pharaonen.

[13] Inschrift des Idu Seneni in „Quasr-es-Sayyad (Grab I); Übersetzung von Jan Assmann in „Maat", München 1990, 128 f.

[14] John Romer in „Ancient Lives ..." datiert ihn zwischen 1190 und 1170 v. Chr. Die absolute Datierung nach unserer Zeitrechnung ist eine relativ vertrackte Geschichte und wird an anderer Stelle behandelt. Uns sollte jetzt erst einmal nur die Tatsache interessieren, dass es Paneb überhaupt gegeben hat.

[15] Es handelt sich hier um das sogenannte Nauri-Dekret. Nauri ist heutzutage eher eine Landschaft als eine konkrete Ortschaft im heutigen Sudan. Früher war die Gegend von den Ägyptern besetzt. Die Inschrift, weit sichtbar auf einem der

umliegenenden Felsen angebracht, weist alle Einnahmen der Umgebung als Einkünfte eines mehrere tausend Kilometer nördlich, im eigentlichen Ägypten, gelegenen Tempels aus.

Generell sind die Übersetzungen, wenn nicht anders angegeben, Eigenarbeit. Das holprige Deutsch ist in diesem Fall nicht Hinweis auf mein geringes Sprachvermögen sondern ist der Versuch, möglichst nahe am Inhalt und der Struktur des altägyptischen Textes zu bleiben.

[16] Ich habe hier eine etwas freiere Übersetzung gewählt, damit der Textinhalt leichter zu verstehen ist.

[17] Die Reichseinigung ist eine der zentralen Themen in den altägyptischen Vorstellungen vom Königtum. Der König hatte immer den Titel „Herrscher beider Länder". Ober- und Unterägypten waren jeweils Verwaltungseinheiten, hunderte von Darstellungen zeigen den König mit den Kronen von Ober- und Unterägypten. Es verwundert daher überhaupt nicht, dass Ägyptologen über mehrere Forschergenerationen hinweg die ägyptische Vorstellung von einer letzten großen Schlacht und Vereinigung eines einzigen unterägyptischen mit einem einzigen oberägyptischen Land für bare Münze hielten. Außerdem fand diese Vorstellung besonders in den folgenden 1930er und 1940er Jahren eine wunderbare Entsprechung in den Rassentheorien dieser Zeit: Die sonnengebräunte, vom Leben gestählte oberägyptische Rasse besiegte (selbstverständlich) die verweichlichte, von den fruchtbaren Äckern im Delta „verwöhnte" unterägyptische Rasse.

[18] Ägypten war in Verwaltungsbezirke unterteilt, die wir Gaue nennen. Brach dann die ägyptische Zentralverwaltung zusammen, nutzten mitunter die örtlichen Verwalter und Machthaber ihre Chance. Sie machten sich selbst zu Fürsten ihres Gaus.

[19] Ein Beispiel aus unserer Gegenwart mag das verdeutlichen. Für uns ist völlig klar, was unter einem linksgerichteten Politiker zu verstehen ist. Ohne Kenntnis des kulturellen Hintergrundes böte aber auch ein solcher Begriff Anlass zu Spekulationen.

[20] Der Vizekönig von Kusch wurde neben den beiden Wesiren von Ober- und Unterägypten zum wichtigsten Mann im Staat. Ganz Nubien steht unter seiner Verwaltung. Er war nur dem König unterstellt und hatte eine gouverneursähnliche Stellung inne. Die Stellung eines Vizekönigs war ein absoluter Schleudersitz - kaum einer konnte sich lange auf dem Posten halten. Schließlich war die gesamte ägyptische Wirtschaft abhängig von einer ruhigen politischen Situation in Nubien. Offensichtlich wurde man daher bei der kleinsten Schwierigkeit sofort des Postens enthoben.

[21] Vielleicht war Tutanchamun der Sohn Kijas, einer Nebenfrau Echnatons

[22] Es ist aber genauso gut denkbar, dass die Kopfwunde erst entstand, als die Ausgräber versuchten, die Mumie des Königs aus dem Sarg zu entfernen. Dabei wurde der Leichnam stark beschädigt.

[23] Schließlich hat er, um seine Thronfolge zu sichern, eine Halbschwester der Königin Nofretete, der Gemahlin Echnatons, geheiratet.

[24] Die klassischen Opferlisten sind typisch für das Alte Reich als erste Hauptphase der ägyptischen Geschichte. Allerdings lässt sich die Grundidee einer Darstellung der gesamten Grabbeigaben des Verstorbenen durch die ganze altägyptische Kulturgeschichte verfolgen, dann jedoch in den unterschiedlichsten Darstellungsformen.

[25] Die Bezeichnung der Dienerfiguren ist in der Literatur und in den Sprachen sehr unterschiedlich. Egal ob von Uschebtis, Schawabtis oder Schabtis die Rede ist, es ist immer das Gleiche gemeint. Die Sprachverwirrung rührt einfach daher, dass die alten Ägypter die Vokale in den Wörtern nur bedingt schrieben und es große Unklarheiten in der Aussprache des Altägyptischen gibt. Beispielsweise gehen alle genannten Begriffe auf das altägyptische Wort mit der Konsonantenfolge w-sch-b zurück, wobei sich dann viele verschiedene Spielarten der Aussprache durch die Ägyptologie eingebürgert haben.

[26] Die Uschebtis waren genauso organisiert wie die richtigen Arbeitstrupps im Alten Ägypten. Immer zehn Arbeiter wurden zu einer Mannschaft, einer so genannten Phyle, zusammengefasst. Jeder Phyle stand ein Aufseher vor, die ihrerseits einem Oberaufseher unterstanden. Wahrscheinlich hatten die Oberaufseher einen Oberoberaufseher, der seinerseits mit seinen Oberoberaufseherkollegen den Befehlen eines Oberoberoberaufsehers zu folgen hatte, und so weiter und so fort. Auch hier hat sich bis in die heutige Zeit noch nicht viel verändert.

[27] Zu dieser Zeit war der auf Ägyptisch „Waset" genannte Ort, den wir als Theben bezeichnen, wirklich noch völlig unbedeutend. Erst später entwickelt er sich zu dem kulturellen (und zeitweise auch wirtschaftlichen) Zentrum Ägyptens.

[28] Die Grundeinteilung stammt vom „Altmeister" der ägyptischen Religionswissenschaft, Jan Assmann. Ich habe mich lediglich um eine vereinfachte und hoffentlich verständlichere Wiedergabe seiner Forschungen bemüht.

[29] Diese These wird hauptsächlich von Karl Marx und der amerikanischen Filmindustrie der 1960er und 1970er Jahre vertreten.

[30] Mit dieser Theorie verdienen hauptsächlich von Däniken und die Produzenten von Stargate ihr Geld. Neben der Entdeckung neuer Welten durch Sternentore halte ich die Festanstellung eines Ägyptologen als wissenschaftlichen Berater, wie ihn Daniel wohl darstellen soll, für mindestens genauso utopisch.

[31] Die Idee zu einer Stufenpyramide entstand , wie die meisten Dingen in Ägypten, nicht aus heiterem Himmel, sondern lässt sich recht gut in eine architektonische Entwicklung einordnen, die bereits in der 1. Dynastie beginnt, einordnen. Und auch die am Ende sechsstufige Pyramide Djosers selbst mit den sie umgebenden Gebäuden und Höfen entstand in mehreren Bauphasen.

[32] Direkt neben dem Baukomplex Djosers findet sich die stark zerfallene Grabanlage (wohl) seines Nachfolgers Sechemchet. Im Umfeld lassen Luftaufnahmen auch noch weitere bisher nicht ausführlich ausgegrabene Anlagen erkennen.

[33] Datierung nach Jürgen von Beckerath

[34] Datierung nach Rainer Stadelmann

[35] Ganz Neugierige können sich unter den Web-Adressen von Nova Online und dem Giza-Plateau-Mapping Project (die genauen Adressen finden Sie im Web-Guide im Anhang) über den aktuellen Stand informieren.

[36] Muquaddima, Kapitel IV, 3. Abschnitt. Die Muqaddima (es gibt eine deutsche Übersetzung) ist eine wunderbare Lektüre für graue Winterabende. Sie ist die Einleitung für das Geschichtswerk, dass Ibn Khaldun im 14. Jahrhundert schrieb. Als Autor der Muquaddima ist Ibn Khaldun so etwas wie der Begründer der systematischen Geschichtsschreibung und der Kulturanalyse.

[37] In der Wortwahl habe ich mich bewusst für „Businessdeutsch" entschieden, um deutlich zu machen, dass die beschriebenen Schritte auch aus jedem Handbuch für Projektmanagement stammen können, mit der einzigen Ausnahme, dass Pyramidenbauen etwas „aus der Mode" ist.

[38] Die ersten Ergebnisse der Gizagrabungen durch Mark Lehner zeigen, dass wir uns die gesamten „Betriebe" nicht aus moderner Sicht als Fertigungsstraßen und Manufakturanlagen vorstellen sollten, sondern eher als große Anzahl kleiner und mittlerer Werkstätten.

[39] Das Pyramidion ist, wie eine kleine Pyramide geformt. Es war, wie aus den alten Texten hervorgeht, krönender Abschluss jeder Pyramide. Aus dem alten Reich hat sich nur ein Beispiel (von der sog. Roten Pyramide des Snofru in Dahschur) erhalten. Dieses Exemplar ist aus feinem Kalkstein und trägt keine Inschriften.

[40] Die Geologen unter Ihnen mögen mir verzeihen, dass ich der Einfachheit halber die im „Volksmund" üblichen und geologisch nicht immer richtigen Begriffe verwende.

[41] Zwei Statuen des Königs Chasechemui; aus Kalkstein bzw. Schiefer; 56,5 cm hoch

[42] Eco, den meisten als Autor von „Der Name der Rose" bekannt, ist eigentlich Dozent für Semiotik (ein der Sprachforschung übergeordneter Wissenschaftszweig).

Seine Bücher sind nicht nur angenehme Lektüre, sondern gehören zu den am besten Recherchierten, die ich kenne. „Der Name der Rose", z.B. wird immer wieder Studienanfängern für Mittelaltergeschichte als umfassende und wissenschaftlich belastbare Einsteigerlektüre empfohlen.

[43] Das Gleiche spielt Eco in „Das Foucault'sche Pendel" am Beispiel der Templer-Ritter durch, nur auf einem wesentlich höheren Niveau.

[44] Diese so genannten Pyramidentexte sind wesentlich älter, wurden aber erst in der 5. und 6. Dynastie in den Grabkammern der Pyramiden angebracht. Manche der Texte und Sprüche gehen sogar bis in die Frühzeit zurück.

[45] Ein Exemplar eines solchen „Totenschiffs" ist heute neben der Cheopspyramide zu besichtigen.

[46] Meinen folgenden Ausführungen liegt die Annahme zugrunde, dass es sich beim „Ägypter an sich" nicht um einen kopflastigen Intellektuellen, sondern um einen ganz normalen Menschen mit ganz normalen Bedürfnissen handelte.

[47] Ich hoffe, Sie verzeihen mir mein lausiges literarisches Talent zugunsten der im Text enthaltenen Sachinhalte.

[48] Über die exakte Form und Organisation des Arbeitseinsatz gibt es keine Quellen. Ich gehe in meiner Rekonstruktion davon aus, dass die Arbeiter dorfweise rekrutiert und eingesetzt wurden. Das erscheint mir angesichts der bäuerlichen Struktur der Ägypter bei einer Großbaustelle, wie die Cheopspyramide sie darstellt, einfacher und pragmatischer, als bei jedem der dreimonatigen Arbeitseinsätze komplett neue Organisationsstrukuren und –einheiten zu schaffen.

[49] Hier böte sich eine kurze 300-seitige Definition des Begriffes Seele von Aristoteles bis Augustinus an. Das möchte ich Ihnen, wenn Sie nichts dagegen haben, gern ersparen.

[50] Der Titel des Films lautet „Robby, Kalle und Paul".

[51] Die Biographie eines Beamten des Alten Reiches aus seinem Grab enthält ein für ihn besonders einschneidendes Erlebnis. Der Pharao berührt ihn mit seinem machtgeladenen Zepter unabsichtlich. Nur durch den Ausspruch des Königs „Sei heil!" (= dir möge nichts geschehen, obwohl mein Zepter dich berührt hat) wird der Beamte vor der Vernichtung durch die göttliche Macht bewahrt. Diese zerstörerische, für normale Sterbliche sogar tödliche Macht nennt sich bei Göttern und Königen ebenfalls „Ba" und war Gegenstand einer Doktorarbeit, die allein mehrere hundert Seiten umfasst.

[52] „Persönlichkeitsbegriff und –bewusstsein", Lexikon der Ägyptologie, Band IV, Wiesbaden 1982, Spalten 963 ff.

[53] Uderzo/Goscinny, Asterix und Obelix: „Das Geschenk des Cäsar"

[54] Wenn auch in stark abgeschwächter Form, können wir im Islam ebenfalls feststellen, wie eine Norm ein gewisses konservatives Grundverhalten einer Kultur fördern kann: Für die Muslime gilt der Koran Wort für Wort, Zeichen für Zeichen als Originalton Gottes. Es war daher wichtig, diese Sprache zu bewahren. Daraus entwickelte sich eine starke Beschäftigung mit der eigenen Sprache und Grammatik. Sie führte dazu, dass das Hocharabische, die Grundnorm für alle Arabisch Sprechenden, immer noch sehr eng verwandt ist mit der Sprache des Koran aus der Zeit um 620 n. Chr. Auf unsere Verhältnisse übertragen hieße das, in der Tagesschau würde noch Althochdeutsch gesprochen. Auch die offiziellen Zeitungen erschienen in Althochdeutsch, während wir im Umgang miteinander die heute aktuelle Sprache wählen würden.

[55] Lehre des Ptahhotep, Abschnitt XXXI, Übersetzung aus Erik Hornung, Gesänge vom Nil, München/Zürich 1990. Selbstverständlich finden sich in dieser wie in allen Weisheitslehren auch Abschnitte, wo geraten wird, „edel, hilfreich und gut" zu sein. Aber die zitierte Passage gehört zu den Stellen, die immer wieder gerne herausgekürzt werden, da sie nicht in unsere Vorstellung vom „Ägypter an sich" passen. Der wahre Ägypter war eben kein Heiliger.

[56] Rainer Hannig, Großes Handwörterbuch Ägyptisch – Deutsch, Mainz 1995, S. 904 f.: Bei „lügen" ist das Determinativ ein Mann mit der Hand am Mund und bei „bauen" ein Arm (für körperliche Tätigkeiten).

[57] Es gibt daher auch die Theorie, dass es so genannte Musterbücher gab, in denen sich der Auftraggeber aussuchen konnte, welche Art von Szenen er in seinem Grab haben wollte. Diese halte ich für zu sehr aus heutiger Sicht gedacht. Die unterschiedlichen Szenen und Dekorationsinhalte wurden wohl eher vom Lehrmeister auf den Schüler in jahrelanger Lehrzeit überliefert.

[58] Ein Beispiel: Das „Erschlagen der Feinde" ist eine Darstellung, die überall dort angebracht wurde, wo es äußere Gefahren vom Tempel abzuwehren galt. Es war dabei unwichtig, ob der so dargestellte Herrscher jemals einen solchen Zweikampf bestanden hatte; er konnte alt, hässlich und schon etwas senil sein und wurde doch als jugendlich dynamischer Kriegsheld dargestellt. All das war völlig unwichtig. Das Erschlagen der Feinde stand nicht für die dargestellte öffentliche Hinrichtung, sondern war Sinnbild für eine bestimmte ägyptische maatgerechte (Wunsch-)Vorstellung und die erfolgreiche Abwehr des Bösen. In unserer Kultur hätten wir eher Hufeisen über die Türen gehängt und Pentagramme auf die Schwellen gemalt.